CARRÉS CLASSIQUES

Collection COLLÈGE dirigée par
Cécile de Cazanove
Agrégée de Lettres modernes

Jean-Côme Noguès

Le Faucon déniché

1972
Texte intégral

Édition présentée par
Émilie Duval
Certifiée de Lettres classiques

Nathan

Sommaire

Avant la lecture

Lire Le Faucon déniché

ISBN : 978-2-09-189127-9

Après la lecture

Autre lecture

Dossier central images en couleur

Avant la lecture

Qui êtes-vous, Jean-Côme Noguès ?

Je découvre la magie des livres

Je suis né en 1934 à Castelnaudary dans l'Aude. C'est dans ce Sud-Ouest qui m'est cher que je passe mon enfance, entre Languedoc et Catalogne. À dix ans, j'entre au pensionnat. Les livres sont alors pour moi un moyen d'évasion qui m'aide à oublier le cadre étroit de ma vie de collégien. J'aime suivre un héros, vivre avec lui des aventures, découvrir à ses côtés des régions inconnues, des coutumes nouvelles comme dans *Robinson Crusoé* de Daniel Defoe (1719), un de mes livres préférés. Je comprends que les mots ont un étrange pouvoir qui ne cessera jamais de me fasciner.

« *J'essaie de respecter la vérité historique, d'être le plus précis possible.* »

Mon parcours vers l'écriture

Dès que j'ai su lire, j'ai eu envie d'écrire ! Après mes études, je deviens instituteur dans ma région, puis enseignant d'espagnol et de français à Paris, principal-adjoint dans un collège de Seine-Saint-Denis et, enfin, adjoint du proviseur dans un lycée parisien.

Je profite de mon temps libre pour écrire. Dans les années 1960, je publie des romans pour un public que je connais bien : les jeunes lecteurs. En 1972 paraît *Le Faucon* déniché. Depuis, j'ai écrit de nombreux romans historiques pour la jeunesse.

Ma source d'inspiration : l'histoire

Ma passion pour l'Histoire, et en particulier pour le Moyen Âge, je la dois à ma région natale, à ses paysages montagneux marqués par des vestiges médiévaux. Avant d'écrire un roman, je fais de longues recherches documentaires. J'essaie de respecter la vérité historique, d'être le plus précis possible.

À chaque édition du *Faucon déniché*, je corrige le texte, j'affine le vocabulaire: par exemple, j'ai remplacé le mot «halle-barde», postérieur au début du XIIIe siècle où se situe le roman, par «pique».

Je pense en effet qu'un roman historique complète un cours d'Histoire même si, avant tout, la lecture doit être un plaisir! Par exemple, en Cinquième, on pourrait s'appuyer sur *Le Faucon déniché*, *Le Vœu du paon* (1980) ou *Le Chevaucheur de Provence* (1996) pour étudier le Moyen Âge, et sur *L'Été de Silvio* (1997), pour découvrir l'Italie de la Renaissance. Précisons quand même que l'«histoire» du roman, elle, est inventée et que les personnages sont fictifs.

L'art d'écrire pour la jeunesse

Quand j'ai commencé à écrire, je voulais retrouver la magie des livres de mon enfance. Sous ma plume, les mots doivent entraîner le lecteur vers un univers particulier.

Quand j'écris, je ne pense pas à l'âge de mes futurs lecteurs: je les invite à partager mes coups de cœur pour une région ou pour une époque. Il y a longtemps, lors d'un voyage en Espagne, j'ai pu voir la reconstitution de la caravelle de Christophe Colomb, la *Santa María*. Plus tard, j'ai eu envie de recréer le voyage du navigateur en suivant son journal de bord et en me tenant le plus près possible de la réalité: c'est ainsi qu'est né mon roman *Le Voyage inspiré* (2002).

« Quand j'ai commencé à écrire, je voulais retrouver la magie des livres de mon enfance. »

Je suis toujours très heureux quand un adulte me dit qu'il n'a pas oublié Le Faucon déniché, lu dans son enfance et que, grâce à lui, il a commencé à aimer la lecture. ■

La France au Moyen Âge

◆ Pays d'oc et pays d'oïl

Au Moyen Âge, le territoire est partagé en **deux pays**, avec des langues différentes. Au Nord, c'est le pays d'oïl et au Sud, le pays d'oc. *Oïl* et *oc* sont les manières de dire « oui » dans ces deux territoires. Le terme *oc* a donné le nom de la région du **Languedoc**, où la langue d'*oc* est parlée. Sa capitale était Toulouse.

> *« Oïl et oc sont les deux manières de dire « oui » en France. »*

◆ Domaine royal et domaine seigneurial

À la fin du IXe siècle, les rois ne peuvent plus assurer la paix sur leurs terres. Les seigneurs veillent eux-mêmes à la sécurité des paysans qui se trouvent sur leurs domaines : le système féodal se met en place.

Sous la dynastie des **Capétiens** (987-1328), les rois tentent d'accroître leur autorité et leur territoire, qui se limite, au Xe siècle, à l'Île-de-France. Ils luttent aussi contre la dynastie anglaise des **Plantagenêts** qui règne sur l'ouest de la France pendant la deuxième moitié du XIIe siècle. De plus, les Capétiens sont confrontés à de puissants seigneurs qui se partagent le pouvoir. Le territoire français est donc morcelé en de **nombreuses seigneuries**.

Vers 1100	*La Chanson de Roland*
1108	Règne de Louis VI le Gros (1108-1137)
1147	Deuxième croisade (1147-1149)
1163	Début de la construction de Notre-Dame de Paris
1170	Béroul, *Tristan et Iseult*
Vers 1178	Chrétien de Troyes, *Le Chevalier de la charrette* ; *Le Chevalier au lion*
1180	Règne de Philippe Auguste (1180-1223)

◆ La société féodale

La société médiévale est **hiérarchisée** et organisée **en trois ordres.**

■ **Ceux qui combattent**: les **chevaliers** possèdent des terres et un **château fort**. Le **suzerain** offre à son **vassal** un **fief**, très souvent des terres. En échange, le vassal doit obéissance et fidélité à son suzerain. Toutes les personnes sur le domaine obéissent à la loi du seigneur.

■ **Ceux qui prient**: le christianisme est, depuis la fin de l'Empire romain (Ve siècle), la religion d'État. Sur le domaine seigneurial, **les membres du clergé ont un statut particulier**. Ils perçoivent des impôts, comme la dîme, et en retour ils s'occupent de la vie spirituelle et religieuse des fidèles: messes, baptêmes, bénédictions, etc. Les monastères et les églises sont des lieux importants et inviolables.

■ **Ceux qui travaillent**: le reste de la population est majoritairement très pauvre. Les **vilains** et les **serfs** travaillent pour assurer leur survie et pour payer de nombreux **impôts au seigneur** dont ils cultivent les terres. En échange, le seigneur a l'obligation de protéger ses sujets en cas de guerre.

« La société médiévale est hiérarchisée et organisée en trois ordres. »

◆ Entre châteaux et forêts

Le château fort symbolise le pouvoir du seigneur. Sur les terres seigneuriales, se trouvent des villages construits autour d'une église. Une grande partie du territoire n'est pas cultivée; c'est la **forêt**. C'est un **domaine de chasse** réservé aux seigneurs, mais aussi un espace dangereux et mystérieux, propice aux **légendes.** ■

1223	Règne de Louis VII (1223-1226). Conquête du Languedoc
1226	Règne de Louis IX, saint Louis (1226-1270)
1229	Annexion du Languedoc
Vers 1230	*La Queste du Saint Graal*, *La Mort le roi Artu*
1270	8e croisade : saint Louis meurt à Tunis
1285	Règne de Philippe le Bel (1285-1314)
1298	Marco Polo, *Le Livre des Merveilles du monde*

Qui sont les personnages ?

Martin

Jeune serf d'une douzaine d'années, il vit avec ses parents et ses nombreux frères. Ce fils de bûcheron garde les oies. Mais Martin rêve en secret de dénicher un faucon.

➡ *Où son amour des faucons le mènera-t-il ?*

Le faucon

Objet de toutes les convoitises, il sera apprivoisé par Martin avant de tomber entre les mains du fauconnier.

➡ *Sera-t-il un ami fidèle pour Martin ?*

Le fauconnier

Au service du seigneur Guilhem, il règne en maître sur la forêt : aucun faucon ne doit lui échapper. Entre ses mains expertes, les oiseaux de proie deviennent de redoutables chasseurs.

➡ *Découvrira-t-il la passion de Martin ?*

La mère de Martin

Elle s'occupe de sa nombreuse famille: beaucoup de bouches à nourrir et très peu à manger. Elle se fait du souci pour Martin, dont elle connaît la passion secrète pour les faucons.

➡ *Comment protégera-t-elle son fils ?*

Guilhem Arnal de Soupex

Jeune seigneur, il a hérité depuis peu du domaine de son père. Passionné de chasse au vol, il n'en oublie pas pour autant ses responsabilités : protéger son château et ses paysans.

➡ *Réussira-t-il à prouver qu'il est un seigneur juste ?*

Dame Gayette

Jeune épouse de Guilhem, elle partage avec son mari la passion des faucons.

➡ *Comment se comportera-t-elle avec les paysans ?*

Lire

Jean-Côme Noguès

Le Faucon déniché

1972

Texte intégral

1. Le nid

Le petit garçon se réveilla aux premières lueurs de l'aube qui pénétraient à travers le volet mal rabattu. Il se redressa sur un coude et inspecta la pénombre. Autour de lui, toute la famille dormait, couchée sur des grabats[1]. Près de la cheminée aux tisons[2] étouffés sous la cendre, le père ronflait, tourné vers le mur. La mère, étendue sur le côté, semblait se reposer à peine un instant, entre deux travaux. Dans les autres coins, les frères sommeillaient, les plus jeunes dans des paniers, les aînés sur une jonchée[3] de paille.

Seule, une poule s'agitait sous la table et grattait le sol à la recherche d'un grain de blé qu'elle n'avait aucune chance de trouver. Dans la maison de Brichot, le bûcheron, un grain de blé était un grain de blé. On se serait baissé trois fois pour le ramasser plutôt que de le laisser se perdre.

Aucun bruit ne venait du dehors. Les chaumières étaient encore fermées à cette heure matinale. L'enfant quitta sa paillasse et traversa la salle sur la pointe des pieds. Le regard fixé sur ses parents dont il guettait le moindre signe de réveil, il retenait son souffle pour se faire plus silencieux. Il allait sortir, il avait déjà ouvert la vieille porte de bois noirci quand une voix l'appela de l'intérieur.

– Martin !

– Oui, mère.

– N'y va pas !

– Où ?

Ci-contre : Une attaque de château fort, photo du film *La Chair et le Sang* de Paul Verhoeven, 1989.

1. Lits misérables.
2. Restes de bûches à demi-brûlées.
3. Un tas.

La femme s'était levée. Elle rejoignit son fils, toute maigre dans sa camisole[1] de toile bise[2] qui tombait sur ses pieds nus.

– Tu le sais bien. Ne parlons pas de cela. On pourrait nous entendre et nous en aurions du malheur, dit-elle à voix plus basse.

– Mais…

– Tais-toi ! C'est interdit aux manants[3]. Pense à ton père, Martin, à tes frères. Notre seigneur est bon – Que Dieu l'ait en sa sainte garde ! – mais cela, il ne le pardonnerait pas.

– Mère, je vais les voir, simplement. Rien que les voir.

Martin sentait bien qu'il n'était pas sûr de tenir sa promesse. Il partit en courant. Sa mère le regarda s'éloigner, puis elle rentra et ne se recoucha pas. À quoi bon puisque le sommeil l'avait fuie ?

– Pourquoi s'est-il mis une telle idée en tête ? Dans sa mauvaise tête qui ne veut rien comprendre !

En même temps, elle se fit la remarque que Martin était, de tous ses fils, le plus doux, le plus docile, celui qui lui donnait le moins de mal.

– Sûr que nous en aurons du malheur !

Son mari se réveillait ; elle lui cacha ses craintes.

– Qu'as-tu, femme, à grommeler[4] de bon matin ?

– C'est cette poule qui vient voler mon grain. Si je ne m'étais pas levée, elle l'aurait bien tout mangé !

Martin, pendant ce temps, dévalait[5] le coteau. Il ne ralentit sa course que lorsqu'il fut en terrain plat. Une belle journée commençait qui mûrirait les moissons du Languedoc[6], qui gonflerait les grappes pour la plus

1. Chemise.
2. D'un gris beige.
3. Pauvres soumis aux lois de leur seigneur.
4. Râler.
5. Descendait en courant.
6. Région du sud de la France.

grande richesse du baron Guilhem Arnal de Soupex. Mais l'enfant marchait d'un bon pas et ne se préoccupait guère des récoltes. Il allait vers l'autre colline, celle qui portait les forêts.

À la lisière[7] de ces forêts, il hésita. Il jeta un regard autour de lui, écouta la rumeur des champs, le long cri d'un geai quelque part dans les arbres. C'étaient là des bruits naturels qui ne l'inquiétèrent pas. Aussi pénétra-t-il sous les chênes.

La forêt sortait de la nuit avec une joie paisible. Les oiseaux s'ébrouaient[8] avant de chanter le matin retrouvé. Dans les taillis et sur les mousses, tout un peuple de petits animaux se signalait par des frôlements, des herbes froissées, des basses branches un moment agitées qui se refermaient ensuite sur une queue blanche ou un plumage gris.

Martin ne partageait pas cette allégresse. Il avançait, l'oreille aux aguets, le cœur battant de crainte et aussi d'excitation. Il savait son chemin : la corne de bois[9] à traverser et, de nouveau, la lisière avec une grande flaque d'eau dormante au creux de l'argile.

Là, s'élevait un pin qu'il avait repéré huit jours auparavant. Sur une branche presque inaccessible, un ancien nid de pie était accroché.

Martin, au pied de l'arbre, se dit que, s'il hésitait maintenant, il n'oserait plus jamais courir un tel risque. Un dernier regard, l'oreille encore une fois tendue :

« Rien. »

Le vent du matin dans les feuilles.

« Personne. »

7. Bordure.
8. Secouaient leurs plumes.
9. Partie de la forêt en forme de pointe.

Le sort était jeté. Tant pis. L'aventure de Martin commençait.

Il saisit le tronc à pleins bras, à pleines jambes et se hissa en s'écorchant aux écorces couleur de sang séché. La résine engluait[1] ses doigts, ses pieds nus, comme pour le retenir en un piège, mais il montait toujours. Une branche, enfin ! Une autre. La longue escalade vers le sommet devenait presque aisée[2].

Et puis les branches se firent plus minces. Elles ployèrent[3] sous la charge, pourtant légère, du petit gardeur d'oies décidé à aller jusqu'au bout.

Martin arriva au nid. Il y fut reçu par un battement d'ailes désordonné, deux grands becs redoutables qui s'ouvrirent comme pour l'engloutir. Un des oiseaux s'élança dans le vide, essaya de voler, heurta une branche, boula[4], battit des ailes encore et atterrit enfin à une vingtaine de pas de l'arbre.

Martin le suivit des yeux, de l'angoisse plein le cœur.

« Il va se tuer ! Je vais le perdre dans le taillis ! »

Il en oublia l'autre oiseau. Il dégringola le long du tronc, presque aussi vite que le fuyard. Avec une témérité[5] folle, il se laissa tomber dans l'herbe du haut de la dernière fourche.

Ses pieds s'étaient endurcis le long des chemins, ses chevilles, à tant sauter les fossés, avaient acquis une solidité qui lui permit d'arriver à bon port. Aussitôt, il poursuivit la boule de plumes gris ardoise qui tentait de s'échapper.

C'était un faucon hobereau[6] d'une vingtaine de jours.

1. Collait à.
2. Facile.
3. Se courbèrent.
4. Roula comme une boule.
5. Audace.
6. Petit faucon aux ailes gris bleu.

L'oiseau, tout de suite, engagea la lutte. Il se mit sur le dos, découvrant ainsi des culottes[7] rousses d'où surgissaient des pattes redoutablement armées de griffes recourbées.

Martin comprit qu'il fallait relever le défi. Il ôta son surcot[8] et le roula autour de la main. Le faucon mit ce temps à profit pour essayer de s'enfuir encore au milieu des herbes qui s'agrippaient à ses plumes. L'enfant le rejoignit au moment où il allait disparaître sous un buisson. De nouveau, l'oiseau fit face, couché sur le dos, les serres crispées, le bec entrouvert par une sorte de halètement[9].

Sans quitter des yeux l'œil très perçant qui le fixait avec colère, Martin se jeta sur la bête. Il sentit, à travers l'étoffe, le frémissement du corps qui se débattait. Une griffe, jaillie de la toile, vint érafler[10] son poignet sans qu'il lâchât prise.

– Doucement, mon beau, mon mignon, doucement, chanta-t-il à mi-voix.

L'oiseau ne se défendait plus. Il était vaincu.

Quelques plumes, restées sur l'herbe, attestaient le combat. Il fallait les faire disparaître pour ne pas éveiller les soupçons du fauconnier[11]. Martin les glissa sous une pierre.

Là-haut, à la cime du pin, les parents revenus volaient autour du nid. Leurs ailes, en forme de faux[12], se détachaient sur le bleu du ciel. Et ils criaient ! Ils criaient si fort qu'on devait les entendre du village !

– Ne vont-ils pas se taire ? s'alarmait Martin.

Le mot « faucon »

Le mot *faucon* vient du latin *falx* : la faux. Les ailes du faucon, dont la forme rappelle celle d'une faux, sont à l'origine du nom de l'oiseau. Le faucon est un rapace diurne (il ne vole qu'en journée), rapide, excellent chasseur au vol. Plusieurs espèces de faucon sont dressées dans ce but (autour, gerfaut, épervier...).

7. Cuisses.
8. Sa tunique.
9. D'essoufflement.
10. Griffer.
11. Personne chargée de dresser les faucons pour la chasse.
12. Instrument agricole à lame recourbée qui sert à faucher.

Tout était commencé, maintenant. Il ne pouvait plus revenir en arrière.

– Alors, qu'ils se taisent ! Qu'ils se taisent !

Il se hâta de fuir la colère des rapaces. Il serra sous son bras l'oiseau prisonnier de son surcot et s'éloigna à grandes enjambées.

Mais, en même temps, il aperçut sur la colline, devant lui, la masse redoutable du château seigneurial. Et c'était une bien grande menace.

Les murailles éclaboussées par le soleil levant lui parurent plus oppressives[1] encore. Elles écrasaient de tout leur poids le village aux chaumines[2] éparpillées.

Martin repensa à sa mère qui l'avait mis en garde. Elle avait su l'interroger, deviner à des riens cette grande envie qu'il avait, lui, pauvre petit paysan, de posséder un oiseau qui lui appartiendrait, un oiseau magnifique qui ne tuerait que pour vivre et qui ne se poserait sur le poing que pour obéir à l'amitié.

« Tu sais bien que c'est un privilège réservé au seigneur, Martin, et que tu n'as pas le droit de dénicher ces oiseaux ! »

Martin avait passé outre[3]. Il désirait tant avoir un compagnon de jeux qui ne serait qu'à lui ! Et s'il avait choisi un faucon au lieu d'une corneille ou d'une tourterelle, c'était pour le plaisir d'apprivoiser un animal difficile, un oiseau de proie. Le seigneur en avait bien assez pour ses chasses !

Au pied de la colline, dans une ruine que personne ne visitait, l'enfant cacherait son faucon. Il lui construirait une cage. Nul ne le saurait jamais. Jamais !

1. Menaçantes.
2. Petites chaumières.
3. N'avait pas écouté.

Un nuage voila le soleil. Une ombre courut sur la campagne, grimpa au flanc de la colline. Les lourdes murailles devinrent presque noires.

Le sire Guilhem, au même instant, se doutait-il qu'un des serfs avait transgressé[4] sa loi ?

2. Le fauconnier

Les semaines passèrent… L'été arrivait à ses derniers jours. Le soleil, moins chaud, ne brûlait plus la campagne, mais il réchauffait encore le vilain qui marchait derrière la charrue, de l'aube jusqu'au soir.

Devant les bœufs, des compagnies de perdreaux couraient sur la terre brune et l'homme songeait à la marmite, si pauvre, où bouillait la soupe de fèves.

Mais le seigneur préparait de grandes chasses : ce n'était pas le moment de braconner[5]. Les collets[6] étaient interdits à cette époque de l'année. Ainsi donc, mieux valait manger son pain en pensant à autre chose !

Martin, quant à lui, n'avait pas oublié tout à fait son inquiétude. Elle avait été forte, elle l'avait tourmenté longtemps. Combien de fois, la nuit, n'avait-il pas vu en rêve le visage terrible du fauconnier, sa main gantée de cuir, sa joie féroce en découvrant le coupable !

L'enfant se dressait alors sur son grabat, haletant, le regard égaré. Parfois même, un cri lui échappait et la mère, soucieuse, se demandait si son fils n'était pas possédé du démon.

Puis il y pensa un peu moins. Tous les soirs, à l'heure où les hobereaux aiment partir en chasse, il courait à

Les serfs

Martin et ses parents sont des serfs, des paysans non libres dans la société féodale. Ils cultivent la terre du seigneur, paient des impôts et n'ont pas le droit de quitter le fief, c'est-à-dire le territoire seigneurial. Il existe d'autres paysans appelés les vilains : ceux-là sont libres, non attachés à un fief.

4. Désobéi à.
5. Chasser en cachette, sans la permission du seigneur.
6. Pièges pour les animaux.

la vieille maison. Un reste de crainte lui faisait inspecter les abords[1] avant d'entrer. Il contournait les murs croulants, prêtait l'oreille, n'entendait rien.

Au flanc du coteau, des vendangeurs cueillaient encore les dernières grappes. Un troupeau de moutons s'en revenait au village. Un muletier[2] chantait. Il y avait sur toute la campagne comme une grande paix. Et pourtant, à chaque rendez-vous, la crainte se changeait en angoisse au moment d'entrer dans la masure. « S'il n'y était plus ? se disait Martin. Si on l'avait découvert ? »

En général, cette pensée emportait ses dernières hésitations. Il se jetait à l'intérieur, écartait les branches du sureau qui cachait, dans un creux de la muraille, son trésor interdit : une cage en verges[3] de saule tressées.

Dans cette cage, le plus beau faucon hobereau que le seigneur pût désirer : une tête fine ornée de deux moustaches noires ; un ventre ivoire rayé de sombre ; des pattes jaune vif dont les serres égratignaient l'écorce du perchoir ; des ailes, surtout, magnifiques, longues, pointues, bordées d'encre.

– Tu es brave, mon faucon !

Martin ne pouvait contenir sa fierté. Lui, le petit serf aux pieds nus, il enlevait son surcot, l'enroulait autour de sa main, ouvrait la cage et recevait sur son poing le rapace docile.

– Viens, mon doux, viens, tu vas manger.

Un soir comme tous les autres soirs. Il faisait presque nuit. Près de la ruine, la mare reflétait le ciel encore clair entre les feuillages.

1. Environs.
2. Conducteur de mulets (sortes d'ânes).
3. Branches fines.

Le soleil s'était longtemps attardé à la crête des collines mais il avait disparu enfin. Le seigneur était rentré de la chasse. Il y avait même, ce soir-là, un ménestrel[4] au château. Martin l'avait rencontré en chemin. Que pouvaient craindre les deux amis ?

– Va, mon beau, va ! Et reviens !

Le hobereau déploya ses ailes et cela fit un froissement soyeux[5] à peine perceptible. Déjà, il s'était enlevé[6]. Plus rapide que le martinet[7] qui allait y perdre la vie, plus silencieux que la chauve-souris engloutie en plein vol, il sillonnait le ciel.

Martin le suivait des yeux, taraudé[8] d'incertitude quand il se fondait dans l'air du soir, plus alarmé encore quand il volait en direction du village où les gens du château pouvaient le remarquer.

« Pourquoi va-t-il si loin ? Il se fera découvrir ! »

Le jeune garçon modula un sifflement très doux, très long, qui était un ordre pour l'oiseau. Puis il attendit. D'interminables secondes. Une amitié se jouait en ce temps si court qui paraissait un siècle à Martin.

« Reviendra-t-il… ? S'il ne revenait pas… ? On dit les hobereaux fantasques[9]. Maints[10] d'entre eux ont résisté au dressage. Peut-être l'ami va-t-il préférer la liberté ? »

Martin sentait son cœur qui battait, qui battait. Il fixait le ciel de plus en plus sombre, il attendait. Cette attente inquiète, renouvelée tous les soirs, l'épuisait et l'excitait comme un jeu dangereux.

Et puis son cœur se dénoua. Ses yeux, douloureux de tant fixer la nuit, retrouvèrent le battement de leurs paupières.

4. Musicien.
5. Doux comme de la soie.
6. Envolé.
7. Oiseau rapide, à longues ailes.
8. Tourmenté.
9. Capricieux.
10. Beaucoup.

Car un point sortait de l'ombre, plus noir qu'elle. Il grossit, il grossit, il prit forme. Il avait deux ailes ! Il approchait !

« C'est lui ! »

Martin, gonflé de joie, tendit son bras et reçut le faucon qui s'y posa en silence.

– Tu m'as fait peur, grand diable ! Tu me fais toujours peur !

D'un doigt, il lissa les plumes de la tête, sur cette traînée plus claire, au-dessus de l'œil, qui ressemblait à un sourcil froncé. L'oiseau se laissa caresser. Il avait mangé à satiété[1] et cette amitié qu'il donnait, il l'avait librement consentie.

– Tu ne seras jamais un tueur comme les faucons du seigneur Guilhem, lui murmura Martin. Je te cacherai si bien que personne ne te trouvera. Tu ne tueras que pour manger. Il le faut bien puisque tu es né rapace. Mais pas de ces massacres que le fauconnier aime tant. Nous resterons amis, tous les deux. Je t'en prie, ne va pas trop loin. J'ai si peur que tu ne reviennes pas !

Maintenant que l'oiseau avait mangé, c'était le moment de jouer, le moment que préférait Martin. Il lança le faucon et courut à toutes jambes jusqu'à la ruine. Au-dessus de sa tête, les grandes ailes battaient l'air et planaient, calquant leur vitesse sur la sienne.

Martin était essoufflé mais il courait toujours, le jeu devait durer longtemps. Il ne cessa qu'au pied de la colline, là où la ruine dissimulait le secret au bord d'un marais fangeux[2].

1. Autant qu'il voulait.
2. Plein de boue.

L'enfant y arriva hors d'haleine. Il se coucha sur le dos, face au ciel, les bras en croix, pour mieux regarder l'oiseau qui décrivait des cercles patients en attendant que s'offrît de nouveau le poing sur lequel il avait l'habitude de se poser.

L'air du soir séchait la sueur sur le torse nu de Martin qui tressaillit de froid et d'orgueil.

– Personne, jamais, ne nous séparera. Personne !

Il se releva et tendit le bras. Une nouvelle fois le sifflement, mais plus bref, plus impératif. Le hobereau descendit et se percha. Ses griffes se crispèrent sur le surcot sans le déchirer, sans en traverser la toile.

Martin, tout fondant de reconnaissance, posa un baiser sur le crâne lisse.

– Allons, il faut rentrer. Finie, la promenade. Demain, je reviendrai. Nous irons très loin, tous les deux, jusqu'aux collines de Montmaur… Il faut que je parte. La mère s'inquiéterait si je tardais encore.

Martin avait besoin de se rassurer, de murmurer mille promesses qui préviendraient peut-être le destin[3]. Tant de dangers à éviter, tant de colère si on les découvrait !

Elle avait eu si peur, la mère, le jour où elle avait éventé[4] le secret ! Pauvre femme qui était toujours à trembler. Une fois à cause des soldats, une autre fois pour les récoltes et maintenant parce que son fils s'était mis dans la tête de dénicher un oiseau de proie qu'il disputait au seigneur.

« N'y pensons plus, se dit l'enfant. Personne, jamais, ne saura ! »

3. Le protégeraient peut-être contre le destin.
4. Découvert.

La vieille maison était là, accroupie au bord de l'eau, faiblement éclairée par la lune. Elle était paisible et rassurante. Pas un bruit ne sortait de ses murs, pas un mouvement de feuille ou d'herbe ne venait apporter de vie. Même le vent s'était assoupi. Tout était calme.

Martin écarta les ronces, il escalada les pierres croulantes, entra, et s'arrêta soudain.

Un homme se tenait immobile près du sureau. Le garçon, malgré la nuit maintenant close, ne put douter de son malheur.

Il venait de reconnaître le fauconnier du château.

– Je t'attendais.

L'homme ne bougeait toujours pas, noir dans le clair de lune, la cage renversée à ses pieds. On aurait dit une apparition effrayante.

– J'ai découvert ton audace, prononça-t-il. Comme cela!... Par hasard. Un hasard que j'ai aidé, d'ailleurs, car rien n'échappe à ma vigilance. J'aime me promener dans la campagne. On y découvre des choses qu'un fauconnier doit savoir s'il veut rester à la hauteur de sa tâche.

Il prenait son temps. Il tenait enfin le sujet indocile[1] et il ne dédaignait pas de savourer cette situation dans laquelle il était le plus fort.

– Ne compte pas sur mon indulgence, je n'en aurai pas. Depuis quand les serfs dénichent-ils les faucons?

Martin, d'abord, demeura sans voix. Sa surprise avait été trop grande et sa frayeur aussi. Sur son poing levé, l'oiseau avait l'immobilité du bronze.

1. Désobéissant, rebelle.

– Tu sais qu'ils appartiennent au seigneur, reprit le fauconnier, et tu sais aussi comment on punit ceux qui osent désobéir.

– Je ne l'ai pas déniché. Je voulais seulement le voir…

– Le voir !

– Oui, le voir. Il est tombé du nid. Je l'ai ramassé dans les herbes. Je ne pouvais pas le rapporter au nid, les parents étaient furieux.

– Ce n'était pas au nid qu'il fallait le rapporter, vaurien, c'était au château.

L'enfant comprit qu'il n'arriverait pas à le convaincre.

– Je vous en prie, maître fauconnier, laissez-le-moi ! Je vous trouverai d'autres oiseaux, mais laissez-moi celui-ci !

– De quel droit aurais-tu ce privilège ? Tous les faucons sont nécessaires aux chasses du seigneur.

– Mais celui-ci ne sait pas chasser ! Il n'a pas été dressé pour cela.

– Il le sera.

– Il le sera ?

– Oui.

– Jamais !

Une colère froide s'était emparée de Martin, une rage démesurée d'enfant privé de son bien. À quoi bon expliquer, se justifier, puisque la partie était perdue d'avance ?

Il serra l'oiseau contre sa poitrine et, de sa main nue, il arracha trois rémiges[2] d'une aile.

– Il ne volera plus, cria-t-il aussi fort qu'il put. Il ne servira pas !

Chasse et privilège

Au Moyen Âge, et jusqu'à la Révolution, la chasse est réservée aux nobles. Pour un paysan, chasser sur les terres de son seigneur ou dénicher un oiseau de proie est un crime sévèrement puni. On comprend la gravité du geste de Martin.

2. Grandes plumes rigides de l'aile, qui servent à se maintenir dans l'air.

D'un mouvement de tout son corps, il ouvrit les bras. L'oiseau, lancé dans l'air, déploya ses ailes mais, désorienté par un déséquilibre inattendu, il alla se poser sur le sureau.

– Tu... Tu as osé! gémit le fauconnier d'une voix rauque[1].

Il ne trouvait pas les mots pour dire son indignation. La colère l'étouffait. Tout s'était déroulé avec une telle rapidité qu'il n'avait pu intervenir à temps.

Martin s'enfuit. Il escalada l'amas de pierres qui obstruait[2] le passage. S'il gagnait le sentier, il était sauvé.

– Gardes!

Une ombre, jaillie des murailles, se précipita à la poursuite du fugitif. Le fauconnier avait tout prévu. Il avait placé un de ses hommes dans un coin, prêt à intervenir. Mais Martin était sûr de courir plus vite que tous les lourdauds du château. Cet appel décupla son énergie. Il ne savait pas où il se cacherait, ce qu'il ferait ensuite. Ce n'était pas le moment de penser à tout cela. Il savait seulement qu'il ne fallait pas se laisser rattraper.

Il sauta sur le chemin. Encore quelques enjambées et il était sauvé.

Une deuxième ombre se dressa devant lui, si promptement[3] qu'il vint s'y heurter. Deux bras l'enveloppèrent. Il se débattit comme un beau diable, distribuant des coups de pied, tirant de toutes ses forces pour se dégager.

– Lâchez-moi! Lâchez-moi!

La lutte était trop inégale. Ses bras, repliés dans le dos par des poignes inébranlables, lui interdisaient tout

1. Rude.
2. Bouchait.
3. Rapidement.

mouvement. On le poussa dans la ruine et il fut de nouveau devant son ennemi.

– Un si bel oiseau ! Suppôt de Satan[4] ! Misérable vermine ! Un si bel oiseau ! Un hobereau merveilleux !…

Le rapace restait sur sa branche, immobile. Planté au milieu des orties, impuissant, malheureux, Martin assista à un spectacle qui fit déborder son cœur de rage : le fauconnier s'avança vers l'arbre, sans hâte. Sa main gantée de velours s'éleva, lentement, lentement. Sa voix modula un son étrange puis une sorte de sifflotement très doux.

L'oiseau ouvrit ses ailes qui firent, dans la nuit, deux longues ombres à peine visibles. Le gant de velours le frôla, cependant que la voix devenait plus doucereuse encore.

La bête, fascinée, obéit à un ordre secret. Quand les doigts de l'homme vinrent se ranger contre la branche, les serres, sans hésitation, changèrent de perchoir.

– Viens, mon mignon, viens, murmura le fauconnier, Il t'a mutilé, le vilain drôle, mais je sais le remède. Je possède les plumes qui te manquent. Je les ai recueillies sur des faucons morts. Je te ferai un empennage[5]. Tu seras le plus beau rameur[6] de ma fauconnerie.

L'homme avait oublié le lieu, l'heure tardive. Une passion farouche l'habitait, insatiable[7], toujours plus exigeante. À chaque rapace qu'il découvrait, une exaltation s'emparait de lui, l'espoir d'avoir trouvé enfin l'oiseau le plus féroce, le plus avide, celui qui, par sa cruauté, renouvellerait les plaisirs de la chasse au vol.

4. Serviteur du diable (insulte).
5. Fixation de plumes sur les ailes pour redonner de la stabilité au vol.
6. Un oiseau « rame » lorsqu'il se sert de ses deux ailes comme de rames.
7. Qui ne peut être apaisée.

– Je fixerai tes plumes avec une aiguille trempée dans du vinaigre et elles seront solidement plantées et tu seras aussi rapide que les gerfauts[1]. Je sais les secrets des fauconniers antiques, mon beau. Le maître t'appréciera à ta juste valeur.

On ne le voyait presque plus, tant la nuit était épaisse.

Sa voix, seule, marquait sa présence et elle était très douce, caressante, inquiétante.

Tout en parlant, il sortit d'une bourse fixée à sa ceinture un capuchon de cuir qu'il abattit prestement sur la tête du faucon. À cette minute même, en dépit de la cage qu'il avait déjà connue et de son amitié pour un enfant, l'oiseau venait de perdre la liberté.

Le capuchon

À l'origine, on « cillait » le faucon : on lui passait un fil à travers la paupière inférieure pour l'obliger à ne voir que vers le haut, puis on desserrait peu à peu le fil. Le cillage a été remplacé par le capuchon ou chaperon.

– Il est à moi ! s'écria Martin. Rendez-le moi !

Il se remit à lutter désespérément, à ruer, à mordre. Les soldats resserrèrent leurs gros doigts. Il dut s'avouer vaincu.

– Il est à moi !

Sa dernière protestation se perdit dans un sanglot.

Le fauconnier s'arracha un instant à ses projets de dressage. Il venait de se souvenir qu'il y avait là, dans la masure délabrée, un jeune serf qui avait enfreint les[2] lois féodales.

– Qu'on l'emmène ! ordonna-t-il.

Martin se retrouva sur le sentier. Cette heure qu'il avait tant de fois redoutée, voilà qu'elle était venue. Il ne reverrait plus l'oiseau.

La tête basse, les poings liés, il avançait, indifférent à tout ce qui l'entourait. S'il ralentissait sa marche, s'il

1. Grands faucons, très rapides, aux ailes blanches et grises.
2. Désobéi aux.

jetait un regard de côté, il recevait une grande bourrade qui le faisait buter sur les pierres du chemin.

– Avance !

Et il allait, des larmes plein les yeux. Quelque part dans la nuit, derrière le petit groupe, l'homme au faucon captif savourait sa victoire. Au pied de la colline, Martin n'oublia pas sa peine mais il sortit de son indifférence pour le monde extérieur. Où le conduisait-on ? Sûrement chez son père. Quelle volée de bois vert[3] il allait recevoir ! Il imaginait déjà la scène. Pour calmer la colère du fauconnier et se montrer bon serf obéissant, le père lui administrerait une de ces corrections dont il avait le secret.

« Je ne dirai pas un mot ! décida Martin. Pas un cri ! »

En arrivant au village, fort de sa résolution, il prit, de lui-même, la direction de la chaumière.

– À gauche !

Il sentit dans les côtes la pointe d'une lance qui lui indiquait le chemin. On ne le ramenait pas chez son père. À travers le village endormi, c'était au château qu'on le conduisait.

« Mon Dieu ! Que va-t-on faire de moi ? »

Une épouvante le saisit. Ses jambes ne le portèrent plus, son cœur lui fit mal à battre si fort. Au bord des douves, il eut envie de se jeter à l'eau pour fuir encore, pour profiter de la dernière chance. Mais, déjà, le pont-levis s'abaissait.

Martin fut poussé en avant. Il pénétra dans la cour. Il entendit avec effroi les chaînes qui grinçaient derrière

3. Correction.

lui. Le pont-levis revint s'appliquer contre la porte et la herse tomba.

– Maître fauconnier, qu'en faisons-nous ? demandèrent les gardes.

L'homme eut un regard distrait. Un serf n'avait pas d'importance, mais il fallait punir celui-ci pour préserver tous les faucons à venir, pour qu'une telle audace ne se renouvelât pas.

– Qu'on le mette au cachot, dit-il. J'en parlerai au seigneur et il décidera.

L'entrée du château fort

Pour entrer dans le château, Martin et les gardes sont passés par le pont-levis, un pont en bois qu'on baisse afin de franchir un fossé rempli d'eau : les douves. En cas d'attaque, la herse (grille de fer, coulissant de haut en bas) est baissée et le pont-levis est alors relevé (voir château, dossier images, p. II).

3. En prison

MARTIN REÇUT UNE NOUVELLE BOURRADE[1].

– Allez ! Dépêche-toi, grogna un des soldats. Voilà un bout de temps qu'il nous fait courir la campagne à cause de toi !

– Où me menez-vous ? demanda le garçon de plus en plus effrayé.

– Tu n'as pas entendu ?

– Je n'ai rien fait de mal ! Lâchez-moi !

Le garde eut un haussement d'épaules.

– Ne te fatigue pas. Nous, on fait ce qu'on nous dit.

Il n'y avait rien à espérer. Martin abandonna toute résistance. Il se laissa conduire vers une tour dans laquelle il pénétra par une porte basse. Là, sur les grandes dalles grises, les soldats s'arrêtèrent.

– Faudrait peut-être le descendre à la cave, suggéra l'un d'eux.

1. Coup.

– Tu as vu l'âge qu'il a ? On va tout de même pas le faire moisir dans cette humidité. Le seigneur, pour sûr, n'aimerait pas beaucoup ça.

Le garde décrocha une torche qui flambait contre la muraille et dit avant de s'engager dans un escalier étroit :

– Allez ! Passe devant !

Les marches succédèrent aux marches. L'escalier tournait sur lui-même. Martin, docilement, montait vers la prison.

Il essaya de chasser sa peur. Demain, sans doute, sire Guilhem demanderait à le voir. Il lui pardonnerait quand il saurait que ce n'était pas pour chasser que Martin avait déniché le faucon. Il lui dirait sans doute que…

Et puis ce n'était pas le moment de réfléchir ! Il serait bien temps de s'abandonner à ses pensées au cours de la longue nuit qui allait suivre !

Les gardes, derrière Martin, s'essoufflaient dans la montée tout en pestant[2] contre la hauteur des tours, contre l'heure tardive et le service qui ne finissait jamais. Enfin, ils s'arrêtèrent. L'un d'eux ouvrit une petite porte.

– Te voici chez toi.

– Attendez ! coupa Martin. Vous ne voulez pas prévenir mon père ? Il ne sait rien. Il ne sait pas ce qui m'est arrivé.

Pour éviter à sa famille d'éventuelles représailles[3], il se hâta d'ajouter :

– Il n'était au courant de rien.

– La consigne, grommela l'homme, sans conviction.

2. Râlant.
3. Vengeances.

– Oui, d'accord. Mais je ne suis pas un prisonnier bien dangereux, moi. Qu'est-ce que j'ai fait, hein ? J'ai déniché un oiseau !

– Dame ! Un faucon !

– Eh bien, quoi, un faucon ? Est-ce qu'il en manquerait par chez nous ? Est-ce que le seigneur n'en a pas assez dans ses cages ?

Les gardes se mirent à rire. La faconde[1] de Martin les amusait et ils n'avaient pas tous les jours l'occasion de se divertir.

– Dis donc, blanc-bec, tu es bien bavard ! On verra ça demain !

– S'il a du bon vin derrière ses fagots, ton père, on ne dit pas non !

Ils refermèrent la porte. Martin entendit dans l'escalier le bruit de leurs pas qui diminuait.

Puis, ce fut le silence, la nuit étoilée en cet automne clément[2]. Par l'ouverture étroite que nul volet ne fermait, la lune éclairait une botte de paille jetée dans un coin. Depuis quand était-elle là, cette gerbe ? Et combien de prisonniers avait-elle reçus ?

Martin eut le sentiment que, dans ce réduit, on l'oublierait toujours. Il fit le tour des murs, et effleura les pierres d'une main craintive. Il eut peur. Peur d'attendre le matin dans la demi-obscurité où, peu à peu, renaissaient des hululements[3] et des…

Il prêta l'oreille. C'était bien ça ! Ce frôlement dans la paille, ce grignotement ravageur, on ne pouvait s'y tromper : un rat ! Affamé, sans doute !

Deux !… Trois !

1. Le bavardage.
2. Doux.
3. Cris d'oiseaux de nuit.

Les récits terrifiants qu'on racontait dans les veillées[4] d'hiver lui revinrent en mémoire, toutes les histoires de prisonniers dévorés qu'il avait entendues pendant qu'il se brûlait les doigts à décortiquer des châtaignes.

Maintenant, il se trouvait, lui aussi, face à ces bêtes immondes. Il recula autant qu'il put et se plaqua contre la muraille. Dans la pénombre, les rats, maîtres des lieux, visitaient la paille, trottinaient, se dressaient sur leurs pattes de derrière, le museau fureteur[5] toujours en mouvement.

L'un d'eux, plus hardi, s'approcha des pieds de Martin.

– Va-t'en, sale bête !

Il n'avait pas envie de partir. Le garçon sentit avec dégoût le nez de l'animal sur ses orteils. Il ne put en supporter davantage. D'un élan désespéré, il s'accrocha au rebord de la fenêtre, se hissa, s'assit enfin. Un vertige le saisit qui lui fit fermer les yeux. Il avait juste la place de se tenir sur cette étroite plate-forme. Sous lui, il vit la tour dont le bas se perdait dans l'obscurité des remparts, un créneau qui aurait pu permettre une évasion s'il n'avait été si éloigné de l'ouverture et puis, par-delà l'enceinte, la campagne étrange sous la lumière froide de la lune.

Comme elle était silencieuse, et lointaine, et mystérieuse, la campagne vue de si haut ! Étaient-ce les mêmes bois, les mêmes champs qui avaient abrité les jeux du petit garçon et du faucon ?

Martin sentit un regret monter à son cœur. Toute cette liberté inaccessible ! Il décida de rester là jusqu'au matin. Il dut lutter contre le froid qui transperçait son

4. Soirées.
5. Qui cherche, qui fouille.

surcot de mauvaise toile. Il dut lutter contre le sommeil. Un moment, son front vint se poser sur ses genoux et tout disparut : la prison accrochée en plein ciel, les rats, le souvenir du faucon. Tout se brouilla. Martin dormait.

À son réveil, il frissonna d'effroi. L'aube, en chassant les trous d'ombre, redonnait à la tour toute sa hauteur. Un mouvement, un soubresaut pendant ces heures d'abandon et c'eût été la chute dans les lices[1].

Le pays sortait de la nuit. Les collines bleuissaient. Le vent jouait dans les herbes le long du chemin qui se perdait à l'horizon.

« Un vrai poste de guet, se dit le prisonnier. On voit jusqu'à Montmaur. »

Combien de temps allait-il falloir passer dans cette pièce étroite ? Il commençait à avoir faim, il grelottait un peu. Heureusement, les rats avaient disparu avec les premières lueurs du jour. Martin sauta dans la cellule. Il alla inspecter la porte de bois dur armé de clous, la serrure de fer qui saurait traverser les âges, les pierres du mur, épaisses, rugueuses, inébranlables.

Un découragement le prit. Il se mit à pleurer. Sans bruit. Les larmes coulaient sur ses joues, il les essuyait de la main et se barbouillait. Il attendait. Que pouvait-il faire d'autre ? Crier ? À quoi bon ? Sa voix se perdrait dans l'escalier, dans les grandes salles désertes, sur le chemin de ronde où les soldats ne prêteraient même pas l'oreille.

Il pleura longtemps. À la paille souillée par les rats, il préféra les dalles froides. Il se coucha, le visage au creux du bras, et resta ainsi pendant un long moment.

1. Terrains entre les palissades en bois qui entourent le château et la muraille.

Soudain, il entendit une clef jouer dans la serrure. D'un bond il fut debout. Enfin ! L'heure de la délivrance arrivait ! On venait le chercher. Sans doute sire Guilhem l'attendait-il dans la salle basse.

Le cœur en fête, il regarda le vantail[2] qui tournait en grinçant.

« Je suis ici ! » allait-il crier.

Mais aucun son ne sortit de sa bouche. Il vit celui qui entrait et, tout de suite, il comprit combien il s'était trompé.

C'était un vieux serviteur du château, aussi gris que les murailles. Il referma la porte avec soin et alla jusqu'au centre de la cellule sans s'occuper le moins du monde de Martin. On aurait dit qu'il circulait dans une pièce vide.

Il s'arrêta avant de regarder le coin de ciel à travers la fenêtre.

– Va pleuvoir, marmonna-t-il.

Il eut, pour dire cela, un ton accablé que ne justifiait pas l'état du ciel. Puis, après avoir secoué sa vieille tête pour bien exprimer toute sa résignation mal consentie, il sortit enfin de dessous son manteau une miche de pain et ensuite une cruche dont il renversa un peu le contenu, tant sa main tremblait.

– Voilà pour toi, dit-il avec indifférence.

Il s'en retournait déjà vers la porte. Martin, plus rapide, se plaqua contre le bois.

– Attendez ! cria-t-il. Quand va-t-on me faire sortir d'ici ?

2. Battant de la porte.

Le vieillard tira sur sa barbe qui se perdait dans les plis du manteau, et, sans répondre, il écarta l'enfant. Celui-ci n'osa pas opposer de résistance.

– Dites, je vous en prie. Quand va-t-on me relâcher? Quand le seigneur va-t-il m'appeler?

L'homme le regarda.

Il y avait dans ses yeux, mêlée à une vague sympathie, la surprise qu'une question aussi saugrenue[1] faisait naître.

– Le sait-il seulement, que tu es là?

Martin recula de stupeur[2]. Il laissa son geôlier[3] ouvrir la porte, la refermer. Il entendit la clef grincer dans la serrure. Il venait de comprendre qu'il se trouvait entre les mains du maître fauconnier.

Les paroles du vieux tournaient dans sa tête: «Le sait-il seulement que tu es là?» Est-ce que le fauconnier le garderait enfermé, de sa propre autorité, sans prévenir sire Guilhem? Mais alors, Martin était perdu!

«Jamais il ne me pardonnera d'avoir déniché un faucon. La chasse au vol est sa passion. Je suis sûr que jamais il ne me pardonnera!»

Les murailles lui parurent plus épaisses, la porte plus massive, plus haute la fenêtre. Reverrait-il un jour la campagne? Il eut envie d'échapper autant que possible à cet emprisonnement, de respirer l'air du dehors. Il atteignit d'un bond la fenêtre. Les doigts crispés, il grimpa: un bras, puis l'autre, un nouvel appui, un coup de reins.

Recroquevillé sur le rebord de pierre, entre le pays perdu et le cachot, il eut tout le loisir d'établir des comparaisons.

1. Absurde.
2. Profonde surprise.
3. Gardien de prison.

Le ciel était bleu, le soleil très doux. Les bois, là-bas, avaient une teinte rousse que Martin remarqua pour la première fois.

Près de la paille, la cruche était brune, et brune aussi la croûte de la miche.

« Je ne mangerai pas de leur pain ! Je n'en veux pas ! Je ne mangerai rien jusqu'à ce qu'on me tire d'ici. Et tant pis si je meurs ! »

Si seulement on pouvait se laisser mourir de faim sans avoir envie de manger ! Peu à peu les crampes d'estomac se firent tellement douloureuses que Martin descendit de son observatoire et s'approcha de la cruche.

S'il buvait un peu d'eau, rien qu'une gorgée, est-ce que cela se verrait ?

Il en but deux.

Et ce petit morceau de pain, le verrait-on s'il le mangeait ?

Il s'assit, le dos à la muraille. Lentement, l'esprit ailleurs, miette après miette, il dévora tout un quignon[4].

À ce compte-là, autant boire aussi le reste de la cruche ! Si les rats avaient espéré faire un bon repas, ils seraient bien déçus !

Martin, sa faim un peu calmée, entreprit d'étudier la situation avec plus de lucidité et il arriva à cette conclusion : il était à la merci[5] du fauconnier, il fallait avertir le seigneur. Pour cela, un seul moyen possible : le geôlier.

Il attendit le retour du vieillard avec une grande impatience. La journée passa, la nuit aussi. En fait de visite, il eut celle des rats qui, dans le noir, menèrent une sarabande effrénée[6].

4. Morceau de pain.
5. Sous le pouvoir.
6. Se lancèrent dans une danse bruyante.

Au matin, le geôlier ouvrit la porte avec les mêmes gestes minutieux[1]. Il la referma avec une précaution qu'on devinait sans faille[2] et, planté de nouveau au milieu de la cellule, il grommela comme la veille :

– Va pleuvoir !

– Mais non ! Il fait beau ! Le ciel est bleu ! répondit Martin en se forçant à la gaieté.

– Va pleuvoir, c'est sûr ! Y a un nuage.

– Bah ! Il est si petit. Pourquoi craignez-vous tant la pluie ?

Le geôlier, pour la première fois, sembla remarquer vraiment la présence de l'enfant. Il fixa Martin de ses yeux gris et dit en tirant sur sa barbe, d'un geste qui lui était familier :

– J'ai trop reçu de pluie sur le dos.

Jamais encore il n'avait fait une aussi longue phrase. Ce n'était pas le moment de laisser tomber la conversation.

« Il faut que je parle, que je parle à tout prix », se disait Martin.

Et une petite voix, au fond de son esprit, commençait à murmurer :

« Si tu pouvais t'emparer de la clef qui est quelque part dans les plis du manteau… Si tu réussissais à ouvrir la porte, est-ce que ce vieillard courrait aussi vite que toi dans les escaliers ? »

– Il y a longtemps que vous êtes au château ?

– Trop longtemps.

– Et avant ?

– Avant !

1. Précis.
2. Parfaite.

La trogne ridée du gardien s'éclaira. Ses yeux devinrent subitement tout humides d'émotion. Un sourire, à peine esquissé, sortit du fouillis de sa barbe.

– Avant, petit, j'étais jongleur !

– Vous faisiez des tours ? Vous connaissiez des chansons ? demanda Martin en s'approchant jusqu'à frôler le manteau.

– J'allais de château en château et je jouais du luth[3].

– Vous aviez un ours ?

– Oh ! non. Je n'étais pas assez riche pour acheter un ours, mais il n'y avait pas, en Languedoc, de meilleur conteur que moi.

– Vous devez en avoir vu du pays !

Aux questions de Martin, dites d'une voix haletante qui cachait mal son angoisse, répondait la voix tantôt rêveuse, tantôt chaude d'exaltation[4] du vieux ménestrel rappelant son passé.

– Tout le pays d'oc ! Les neiges des Cévennes dans lesquelles j'ai failli me perdre tant de fois ; la Garonne si belle ; les plages de Narbonne, plates, avec un soleil qui cuisait…

Il n'était plus dans la cellule, il cheminait, par la pensée, sur les sables de l'embouchure de l'Aude.

– J'allais par les chemins, mon luth en bandoulière. Le vent soufflait. Des oiseaux de mer sortaient des étangs…

– Vous aimez les oiseaux ?

– Oui, je les aime. Enfin, je les aimais. Maintenant je suis trop vieux, je ne sais plus ce que j'aime.

Trouvères et troubadours

Aux XIIe et XIIIe siècles, dans le Midi de la France, les troubadours, jongleurs, ménestrels, et baladins (danseurs, musiciens, comédiens ambulants) allaient de château en château pour distraire les seigneurs et leur cour. Dans le Nord de la France, au pays d'oïl, les troubadours sont appelés trouvères. Trouvères et troubadours sont des « trouveurs » de vers.

3. Instrument à cordes.
4. D'excitation.

– Vous aimez vous souvenir de ce temps-là, dit Martin en glissant une main dans les plis du manteau.

– Ah ! la liberté de toutes ces années ! J'étais jeune, je croyais que la pluie qui tombait sur mon dos, que le vent qui traversait ma cotte[1] ne pouvaient rien contre moi. À présent, je redoute l'humidité de ce château. Mes douleurs reviennent quand apparaît un nuage. Sûr qu'il va pleuvoir.

– Non, il fera beau !

Martin venait de toucher, du bout des doigts, la clef suspendue à un cordon. Et ce cordon était mal noué. Il n'y avait qu'à tirer tout doucement, tout doucement. Mais il fallait parler, endormir la méfiance du vieillard, dire n'importe quoi pourvu qu'il n'y eût pas de silence.

– Vous faisiez des tours d'acrobate ?

– Les plus extraordinaires ! Je jonglais avec quatre torches. En me voyant lancer le feu vers le ciel, si vite que j'étais comme enveloppé de flammes, les châtelaines criaient d'effroi.

– Ce devait être terrible.

– Terrible, tu l'as dit.

La clef venait de glisser le long du cordon dénoué.

– Alors, pour les rassurer, je jouais quelques notes très douces, une musique de source ou de cœur qui soupire. Puis, je chantais les exploits des chevaliers de jadis et je voyais des larmes dans leurs yeux.

« Je la tiens. »

– Les dames me remerciaient d'un sourire et me priaient de rester un jour de plus.

1. Tunique.

Le geôlier revivait sa jeunesse, tous ses succès de baladin d'un autre âge. Lui, le muet, le sombre, l'aigri, une fois lancé sur son sujet favori, était intarissable[2].

« L'époque n'est plus la même. Les traditions se perdent. »

– Mais pourquoi avez-vous cessé de chanter ? demanda Martin en essayant de gagner la porte à reculons.

Dans son dos, il serrait ses doigts sur la clef comme s'il avait eu peur de la laisser tomber.

– Ce n'est pas qu'on ne m'ait supplié de continuer. J'étais demandé dans tous les châteaux. Mais vois-tu, petit, j'avais tout connu du succès, je n'avais plus rien à désirer. Je n'allais quand même pas chanter en France[3], pour ces barbares !

– Bien sûr que non !

Martin sentit contre ses omoplates le bois de la porte.

– Et puis, j'étais fatigué ! Je te l'ai dit : j'avais trop reçu de pluie sur l'échine, les douleurs s'y étaient mises. Alors, un soir, après avoir jonglé dans ce château pour la mère de notre seigneur Guilhem, je me suis arrêté. Je ne suis plus reparti.

– Et vous ne regrettez pas la vie que vous meniez ? s'efforça d'articuler le prisonnier en introduisant la clef dans la serrure.

Quel bruit faisait le métal frottant le métal ! Martin, tout d'abord, retint sa respiration puis, pour couvrir ce crissement qui allait le trahir, il ajouta :

– Racontez-moi encore toutes ces choses.

Sa voix était blanche[4]. Plus que le bruit de la clef, ce fut elle qui le trahit. Le geôlier allait reprendre son

2. Ne pouvait s'arrêter.
3. La France du Nord. Il existait une rivalité entre les habitants du Nord qui parlaient la langue d'oïl et ceux du Midi qui parlaient la langue d'oc.
4. Peu assurée.

histoire avec un entrain renouvelé quand il fut saisi par le son de cette voix.

Dans le dos de Martin, la main, elle aussi, se fit plus hésitante. Il y eut un cliquetis.

Le vieux s'approcha, saisit le prisonnier et l'envoya rouler au milieu de la cellule avec une force qu'on n'aurait jamais attendue dans un corps si voûté.

L'instant d'après, il avait disparu. La porte était plus solidement verrouillée que jamais.

4. L'affaitage

L'affaitage

C'est la première étape dans le dressage du faucon : le fauconnier habitue le rapace à la présence de l'homme. L'oiseau, posé sur le poing du fauconnier, est privé de nourriture et n'a pas droit au repos. Le faucon devient ainsi dépendant de l'homme.

Le fauconnier traversa la cour d'un pas rapide. C'était l'heure qu'il préférait, celle où les premiers rayons du soleil venaient frapper les murailles.

Les chiens s'impatientaient dans le chenil[1], excités par la faim et les senteurs de l'aube. Les oiseaux, immobiles sur leurs perchoirs, attendaient avec une royale indifférence que l'on disposât d'eux.

L'homme allait de l'un à l'autre et leur parlait. Son œil soutenait sans ciller des regards immobiles. Son doigt, passé à travers les barreaux, effleurait une plume, agaçait une patte pour provoquer la crispation des serres[2]. Et toujours sa voix douce, caressante, accompagnait le geste ou le devançait.

Les oiseaux le connaissaient et lui témoignaient leur amitié par un brusque mouvement de tête, un bec entrouvert, un frémissement contenu des ailes.

Au fond de la fauconnerie, un valet luttait de toutes ses forces contre le sommeil. Il avait passé une grande

1. Abri pour chiens.
2. Griffes.

partie de la nuit debout, le nouveau hobereau sur le poing. Depuis trois jours et trois nuits ils étaient deux à se relayer ainsi. Trois jours et trois nuits interminables pour rendre docile le rapace encapuchonné[3].

Le fauconnier choisit une des longes[4] accrochées au mur puis il s'approcha du valet. Celui-ci vit arriver la relève avec un soulagement non dissimulé.

– Tout beau ! Viens, laisse-toi faire, murmura le maître des oiseaux. Tu n'auras pas de mal. Le mal, c'est toi qui le donneras. Tout beau !... Tout beau !...

Sa main emprisonna les ailes qui ne purent s'ouvrir. Les culottes[5] rousses s'agitèrent comiquement mais en vain. Le fauconnier savait saisir un hobereau. Très vite, il immobilisa les pattes et y noua la longe, puis il prit un gant et, sur le poing ainsi protégé, il posa son élève qu'il tint de court[6].

Lui aussi resta longtemps, sans mouvement, le bras alourdi par cette charge qui semblait croître[7] avec la fatigue. Après des moments de silence, il se remettait à parler, avec le même ton feutré[8]. Si l'oiseau essayait de reprendre son vol, une petite pression sur la longe le retenait, une caresse refermait ses ailes.

Puis le fauconnier fit quelques pas. De nouveau, les ailes s'ouvrirent mais elles se replièrent avec un début de docilité.

– Tst ! Tst ! siffla le dresseur auquel n'échappa pas ce début de victoire.

Il pouvait passer maintenant à l'étape suivante. Entre les deux enceintes[9], il y avait des recoins abrités des vents qui convenaient parfaitement. C'était là

3. Voir encadré, p. 30.
4. Lanières de cuir souple que l'on attache à la patte du faucon.
5. Cuisses.
6. Sans laisser beaucoup de longueur à la longe.
7. Augmenter.
8. Doux.
9. Murs.

que se déroulait, pour chaque oiseau, la phase la plus importante.

C'était aussi sur cette partie du rempart que s'ouvrait la fenêtre de Martin. L'enfant, assis sur le rebord de pierre, était justement en train de désespérer. Comme il avait abandonné le projet de se laisser mourir de faim, il avalait son pain avec ses larmes tout en multipliant les plus fortes résolutions.

« Devant le seigneur, je ne pleurerai pas, se promettait-il. Je serai aussi sec que le croûton qu'ils me font manger ! »

Il allait décider de ce qu'il dirait et de ce qu'il ne dirait pas quand il vit tout à coup arriver dans la lice le maître fauconnier. Celui-ci s'arrêta sous la fenêtre. Il vérifia la longe puis il éleva le poing. D'un geste précis, le capuchon fut enlevé.

Le faucon, d'abord aveuglé, eut un mouvement d'hésitation avant d'ouvrir les ailes, prêt à l'envol. La longe se fit plus courte ; les ailes tentèrent de lutter et se rendirent quand le capuchon retomba.

Martin avait eu le temps de reconnaître son hobereau. L'oiseau portait, sur le dos, une couleur qui n'appartenait qu'à lui.

« Il le dresse à sa manière. Il lui fait oublier tout ce que je lui ai appris. Il ne lui apprendra qu'une chose : tuer, tuer, tuer ! » fulmina-t-il[1] en donnant, sur la pierre, de grands coups de poing qui lui firent très mal.

Le fauconnier ne sut rien de cette colère. Patiemment, il continuait la leçon. Il donnait maintenant toute la longueur de la longe. L'oiseau, sitôt la vue retrouvée,

L'introduction au vol

Lors du premier vol du faucon, le fauconnier lâche son oiseau en espérant son retour. En effet, après l'affaitage, on libère peu à peu le faucon de sa longe et on le dresse pour la chasse au gibier. Dans un premier temps, un leurre (morceau de chiffon en forme d'oiseau) sert à le faire revenir. Puis, le faucon s'entraîne sur une proie vivante. Enfin, on « créance » le faucon : on le spécialise dans la chasse d'un gibier déterminé.

1. S'emporta-t-il violemment.

s'élançait. Son vol se terminait au bout de la courroie de cuir, en mouvements désordonnés qui ressemblaient à ceux d'un cerf-volant dans la bourrasque.

Les jours passèrent. Martin ne vécut plus que pour ces brefs instants qui lui permettaient de revoir son oiseau. Et pourtant, toujours à la même heure, il avait sous les yeux un spectacle qui le révoltait. L'affaitage se poursuivait selon des lois que le fauconnier respectait scrupuleusement[2].

Un matin, l'homme, avant d'ôter le capuchon, dénoua la longe. Martin vit son ami s'élever dans les airs. Un espoir insensé s'empara de lui.

« Il va voler jusqu'ici, se dit-il. Il saura que je suis prisonnier. Il va venir ! »

L'oiseau tournoya dans le ciel. Il monta très haut, très haut, jusqu'au faîte[3] des tours, trop haut sans doute car le sifflement le rappela au sol. L'homme montrait l'appât. Le faucon, tenté, vaincu, redescendit pour se jeter sur le morceau de viande fraîche qu'il lacéra[4] gloutonnement.

Martin était loin ; il crut discerner[5] pourtant sur le visage du fauconnier un sourire de triomphe.

Plus de longe ! Une liberté étroitement surveillée, fugitive. Une obéissance assurée !

« Et moi qui tremblais de peur qu'il ne revienne pas ! Je lui laissais tout le ciel, je lui faisais confiance ! »

Il décida de ne plus assister au dressage. Le lendemain, le fauconnier se fit accompagner par des chiens qu'il lâcha pour habituer l'oiseau à leurs aboiements.

2. Soigneusement.
3. Sommet.
4. Déchira.
5. Apercevoir.

Martin entendait ces aboiements. Ils montaient le long des murailles jusqu'à sa fenêtre et ils entraient dans la cellule comme un défi lancé par l'ennemi.

« Il fait exprès de les laisser aboyer pour que je sache qu'il est là. Il voudrait bien que j'assiste à sa victoire, ruminait l'enfant. Eh bien, je ne me montrerai pas ! Je ne lui donnerai pas ce plaisir ! »

Il résista pendant deux jours et puis la tentation fut la plus forte. Il se hissa jusqu'à la fenêtre.

Dès lors, il reprit sa place habituelle. Il se chauffait au soleil en espérant que quelqu'un passerait tout près qu'il pourrait appeler pour donner l'éveil. Mais le chemin de ronde était fréquenté seulement par de rares soldats qui contemplaient les douves d'un œil morne et ne se préoccupaient guère d'un prisonnier. Seules, les corneilles apportaient un peu de vie en croassant autour du donjon.

Un matin, le fauconnier avança quelque peu l'heure du dressage. Il devait sans doute attendre ce moment avec une grande impatience. Une fois le chaperon enlevé, il présenta à l'oiseau un simulacre[1] de gibier fait d'un chiffon rouge et de deux ailes de perdrix auxquelles était attaché un morceau de viande. Puis il lança ce leurre[2].

Le faucon se précipita. Il referma ses serres sur la proie et boula au sol où il s'acharna sur l'étoffe pour mieux lacérer la viande.

Les lévriers[3] se jetèrent en avant. Un coup de sifflet les rappela.

« C'est fini, pensa Martin, il est dressé. Il va maintenant tuer sur commande et jamais on ne le trouvera

1. Une imitation.
2. Morceau de chiffon rouge en forme d'oiseau servant à faire revenir le rapace sur le poing du fauconnier.
3. Chiens de chasse très rapides.

assez sanguinaire. Mon beau faucon ! Voilà ce qu'il en a fait ! »

La leçon était terminée. Martin regarda partir son ami et se sentit plus seul que jamais.

– Tu peux me garder en prison, méchant fauconnier, dit-il d'une voix résolue, cela vaudra mieux pour toi. Car, si tu me laisses sortir, je me vengerai. Oh ! oui, je me vengerai, c'est sûr !... Et ce faucon que tu m'as pris, tu me le rendras !

Il ne savait pas très bien comment il se vengerait, mais proférer des menaces dans le silence de sa cellule lui faisait du bien.

Il réfléchit longtemps, fit des projets qui, tous, lui parurent ensuite irréalisables et qu'il abandonna pour bâtir d'autres châteaux en Espagne[4].

« Il n'y a qu'une solution : le vieux. Mais aussi, pourquoi fait-il la tête si longtemps ? Pas moyen d'en venir à bout ! »

Le geôlier avait un comportement inexplicable. Un jour, il sortait une pomme de dessous son manteau crasseux.

Un autre jour, il apportait une poignée de noix.

Un autre jour encore, quelques nèfles.

Mais, jamais plus, il ne disait mot.

D'habitude, cela ne tracassait pas Martin. Il préférait les fruits aux bavardages. À présent, il regrettait de ne pas avoir assez montré sa reconnaissance. Tout serait plus simple à cette heure.

Il réfléchit encore, tourna le problème dans sa tête, le retourna, pour arriver à cette conclusion :

4. Imaginer d'autres rêves impossibles à réaliser.

« D'abord faire la paix avec lui. »

Facile à dire !

Il dressa un plan, chercha des phrases.

À l'heure réglementaire, le gardien entra. Il déposa la cruche, le morceau de pain, puis il plaça, à côté de cet immuable repas… un œuf.

Un œuf donné d'un geste gauche, bourru[1], avec un regard en coin lancé furtivement et chargé d'une mauvaise humeur évidente.

Martin oublia toutes les phrases qu'il avait préparées pour se concilier[2] les bonnes grâces du geôlier.

– Oh ! merci ! s'écria-t-il.

Il était sincère. Dans un élan de joyeuse reconnaissance, faisant, comme toujours, autre chose que ce qu'il avait prémédité[3], il essaya d'embrasser le vieillard. Celui-ci le repoussa avec un grognement. Il murmura quelques paroles inintelligibles[4] et sortit très vite, comme s'il eût redouté de se laisser attendrir.

– Quel ours ! s'exclama Martin. Mais quel ours !

Longtemps, il tint au creux de sa main l'œuf qui était pour lui un vrai trésor.

« C'est ma faute, je l'ai trompé. Il n'a plus confiance en moi. »

En relevant les yeux, il vit qu'un nuage obscurcissait le ciel et que de grosses gouttes de pluie venaient s'écraser sur le rebord de la fenêtre.

« J'ai vraiment choisi le moment pour calmer son humeur ! »

1. Rude.
2. Obtenir.
3. Prévu.
4. Incompréhensibles.

Pause lecture 1

Chapitres 1 à 4

Une amitié impossible

Un cadre historique : le Moyen Âge

Avez-vous bien lu ?

Dans le Languedoc, que cultive-t-on ?

❏ Les céréales.
❏ La vigne.
❏ Les céréales et la vigne.

La société féodale

1 Dans quelles conditions vivent Martin et sa famille ? Au début du chapitre 1, qu'apprend le lecteur sur leur maison, leur alimentation, leurs vêtements ?

2 Lignes 233 à 254 (chap. 2, p. 29), quelles expressions utilise le fauconnier pour désigner Martin ? Quel sentiment traduisent ces termes ?

3 Quelle impression la présence du château fort en arrière-plan produit-elle ? Comment est présenté le seigneur Guilhem ?

Les loisirs des seigneurs

4 Pour quelle activité le seigneur fait-il dresser des faucons ?

5 Qui vient parfois au château pour distraire Guilhem et sa cour ? Quel personnage du roman exerçait autrefois ce métier ?

N'est pas fauconnier qui veut !

Avez-vous bien lu ?

Martin fait preuve de courage et...

- ❏ de sagesse ?
- ❏ d'inconscience ?
- ❏ d'insolence ?

L'art de la fauconnerie

1 Que compte faire le fauconnier pour permettre au hobereau de voler à nouveau normalement ?

2 Remettez dans l'ordre les étapes du dressage du faucon :
a) il fait son premier vol libre ;
b) on l'habitue à la présence des chiens ;
c) il apprend à revenir au poing ;
d) il est encapuchonné pendant trois jours et trois nuits ;
e) il apprend à ne chasser que les perdrix.

3 Quelle critique Martin fait-il de la fauconnerie ? Sur quel ton s'adresse-t-il à son hobereau ? et le fauconnier ?

« Posséder » un ami ?

4 En quoi le faucon est-il libre avec Martin ? Montrez que le dressage qu'il subit au château lui ôte toute liberté.

5 Pourquoi Martin décide-t-il de mutiler son ami ? Relevez les expressions qui révèlent que Martin considère que le faucon lui appartient.

Le début d'une autre vie

Avez-vous bien lu ?

Le fauconnier dresse le hobereau :

❏ pour l'apprivoiser ?
❏ pour lui apprendre à tuer ?
❏ pour le vendre au seigneur ?

Le prix de la désobéissance

1 Comparez la capture du faucon (p. 18-19) et celle de Martin (p. 28-29). Qu'en concluez-vous ?

2 Martin sait-il qu'il enfreint une loi ? Qui le lui rappelle ?

Un serf pas comme les autres

3 Selon sa mère, en quoi Martin est-il différent de ses frères ?

4 Pourquoi Martin amuse-t-il les gardes ? Comment détourne-t-il l'attention du geôlier ? De quelles qualités fait-il preuve ?

5 Après la tentative d'évasion, le geôlier en veut-il à Martin ? Pourquoi ?

Les premières leçons

6 Par quel procédé le passé du geôlier est-il évoqué ? et celui de Martin ? Comment Martin considère-t-il sa vie d'avant la prison ?

7 Qu'apprend Martin pendant sa captivité ?

8 Quand Martin comprend-il que son faucon ne sera plus jamais le même ?

Du texte à l'image

Observez la planche → voir dossier images p. I

Planche ornithologique de faucons, 1886.

1 Le faucon de Martin est un hobereau. Identifiez-le sur la planche.

2 Décrivez les différents faucons. Quelle impression se dégage de ces oiseaux ?

3 Imaginiez-vous ainsi le faucon de Martin ?

À vous de jouer

Écrivez une description

Imaginez qu'au temps où le geôlier était troubadour, vous avez assisté à une soirée au château. Décrivez ce que vous y avez vu : la cour du seigneur, les tours du jongleur, le public et ses réactions.

Jouez une scène

Martin peut enfin s'expliquer devant le seigneur Guilhem. Il justifie ce qu'il a fait et le seigneur, d'abord courroucé, finit par lui pardonner. Jouez la scène.

5. La guerre

Martin s'ennuyait. Il avait envie de courir, il avait envie de pleurer. Il s'était dit que, peut-être, le fauconnier le relâcherait lorsque le hobereau serait parfaitement dressé. Et le fauconnier ne l'avait pas relâché.

Le petit prisonnier ne pouvait se résoudre à passer toute sa vie dans cette chambre étroite où il faisait de plus en plus froid, de plus en plus humide à mesure que l'automne s'avançait.

Et puis, le geôlier lui avait apporté une pomme. Une joue rouge, une joue jaune, et un parfum!... C'était justement ce parfum qui donnait à Martin l'envie de pleurer. Il y a des chagrins trop lourds quand on n'a que douze ans. Et ce parfum...

Martin n'avait qu'à fermer les yeux pour revoir les pommes tombées dans l'herbe mouillée et puis les prunelles[1] qui, en séchant sur les branches noires, perdent un peu de leur âpreté[2], et puis aussi les minuscules petits fruits de l'aubépine qu'il grignotait en gardant les oies.

« Si je commence à penser à tout ce que je faisais, je vais devenir fou ! »

Pour essayer de se consoler, il ajouta à haute voix :

– Après tout, je m'ennuyais souvent ! Que j'ai pu m'ennuyer, avec ces oies, dans les champs !

Ce n'était pas vrai, mais Martin fit semblant de le croire. Pour se redonner du courage. À quoi servait de pleurer ?

Mieux valait manger la pomme et qu'on n'en parlât plus.

1. Petites prunes.
2. Goût amer.

Le fruit entre les dents, il bondit sur la fenêtre. Quels progrès il avait faits en quinze jours! Les doigts trouvaient leur prise tout seuls; les pieds connaissaient la petite cavité où ils prenaient appui; les reins savaient exactement à quel moment ils devaient se tendre pour terminer l'escalade.

Hop!

Cette fois, Martin n'acheva pas le mouvement. Il resta à plat ventre sur la pierre, saisi de surprise. À l'horizon, un grand nuage de poussière montait. Ce n'était pas un troupeau car les troupeaux ne font pas d'aussi grandes nuée[1]. Et puis, parfois, un éclair jaillissait, aussitôt éteint.

« On dirait… »

Mais alors, pourquoi ne donnait-on pas l'alarme? Pourquoi les guetteurs se promenaient-ils aussi tranquillement sur le chemin de ronde? Et pourquoi un homme s'approchait-il de ce garde, là-bas?

Et pourquoi lui parlait-il à l'oreille?

Les questions se pressaient dans la tête de Martin. Il ne savait comment s'expliquer tout cela. Il était sûr, à présent, que c'était une armée qui arrivait, qu'il allait y avoir un massacre de plus, un incendie encore et le pillage toujours recommencé.

Les éclairs que Martin apercevait, du haut de la tour, étaient ceux des armures frappées par le soleil. Une main en visière, le garçon essaya de mieux voir. Il aurait tant voulu s'être trompé! Il aurait tant voulu que son village ne brûlât pas!

Mais il brûlerait, c'était certain. Comme chaque fois!

1. Nuages.

Si le guet ne bougeait pas, c'était parce qu'il y avait un complot. On l'avait payé pour livrer les tours imprenables. Lorsqu'il donnerait le signal, ce serait trop tard. Voilà pourquoi, sans doute, il avait l'air si calme.

– Que faire ? Que faire ? murmura Martin en se mangeant le poing.

On voyait déjà les oriflammes[2]. Toute une armée ! Le château allait se laisser surprendre. C'était l'heure où, dans les champs, les manants avalaient leur soupe ou sommeillaient au creux d'un fossé avant de reprendre le travail.

Martin n'y tint plus. Il fallait avertir sire Guilhem, appeler la garde si celle-ci n'était pas tout entière achetée.

– Alerte ! cria-t-il en se cramponnant à la fenêtre.

Sa voix se perdit entre ciel et terre. Les gardes ne bougèrent même pas.

« Jamais je ne pourrai ! »

Il courut à la porte, la frappa de ses poings.

– L'ennemi arrive ! Nous sommes trahis ! Ouvrez-moi ! Ouvrez !

Ses mains s'écorchaient sur le bois sans pouvoir l'ébranler. Personne n'entendrait Martin dans une tour aussi reculée.

Il devait quitter cette prison, sortir coûte que coûte. Accroupi sur sa fenêtre, il étudia les lieux. À droite, à plus de dix pieds en dessous, aboutissait un créneau. Il y avait des pierres à bossage[3] qu'on pourrait peut-être utiliser, et même une excavation[4].

2. Étendards (drapeaux) d'un souverain.
3. Grosses pierres sortant de la surface du mur.
4. Un creux dans le mur.

Mais non ! Impossible de s'accrocher, de descendre le long de la muraille. Jamais pied humain ne pourrait se tenir sur cette paroi verticale.

Par contre, peut-être qu'un saut, en prenant appui sur le rebord de la fenêtre, en calculant bien son élan… Seulement, il faudrait réussir la première fois. Pas moyen de recommencer. Si Martin n'atteignait pas le créneau, ce serait la chute dans le vide.

L'enfant hésita. Il avait peur. Il sentait, au-dessous de lui, ce gouffre dans lequel il allait, sans doute, être précipité. Là-bas, le nuage grandissait, le danger approchait. Ici, c'était la cellule étroite, oubliée du reste du monde.

Il ne fallait qu'un saut en gardant les yeux ouverts.

Il sauta. Cela se passa très vite. Martin toucha à peine le créneau et il boula aussitôt sur le chemin de ronde pour ne pas retomber en arrière. Quel bonheur de sentir le rude contact de la pierre râpeuse ! Il en avait l'épaule froissée, la hanche endolorie. Quelle importance ?

Un regard vers la petite fenêtre si haute le fit frémir. Comment avait-il osé ?

Il n'était pas temps de s'extasier sur sa propre audace. Martin savait qu'il ne devait pas perdre un instant. Il pouvait être arrêté par les gardes avant d'avoir donné l'alarme.

Inutile de ruser, il fallait courir à la chapelle. Là seulement était le salut.

Il s'élança sur le chemin de ronde, pénétra dans une tour ouverte à tous les vents, dégringola un escalier qui, comme une vrille[1], semblait descendre au cœur de la terre.

1. Hélice.

Un garde passa. Martin le bouscula sans lui laisser le temps de comprendre.

Le pied de la tour ! L'air libre ! L'herbe de nouveau sous les pieds !

Dans la chapelle, le chapelain[2] priait. C'était tout naturel. Martin ne le dérangea pas. Il était si gros, le chapelain, si lent à comprendre ce qu'on lui disait, qu'il aurait été bien vain[3] de tenter de lui expliquer que le château allait être attaqué.

Plus efficace était la cloche au bout de la corde. Martin, le souffle haletant, se suspendit et tira de toutes ses forces. La bonne cloche ébranla l'air d'un coup très sourd. Martin s'accrocha de nouveau. Il tira. Un deuxième coup, un troisième. Le gros bourdon[4] sonnait maintenant le tocsin[5] à toute volée[6].

Martin ne faiblissait pas. C'était lui qui faisait tout ce bruit dans la chapelle du seigneur, lui, le petit gardeur d'oies ? Ce n'était pas possible ! Une sorte de joie s'empara de son cœur. Ses pieds, à chaque balancement de la cloche, quittaient le sol pour y revenir au balancement suivant. Quel jeu passionnant si ce n'avait été un cri d'alarme !

Dans la campagne, les paysans entendirent le tocsin. Ceux qui travaillaient se redressèrent. Ils écoutèrent un moment ce bourdon qui annonçait le malheur. Ils restèrent les bras ballants, comme s'ils n'avaient pas voulu le croire. Ils se regardèrent afin de trouver, dans les yeux du voisin, un reflet de leur propre peur. Puis ils jetèrent leur houe[7] et quittèrent le champ.

2. Prêtre.
3. Inutile.
4. Cloche.
5. Donnait l'alarme.
6. Très fort.
7. Instrument à lame tranchante pour travailler la terre.

Ceux qui dormaient l'entendirent du fond de leur sommeil et le sommeil partit. Ceux qui mangeaient serrèrent contre leur poitrine l'écuelle où restait un peu de bouillie d'orge, et tous coururent vers le château.

Les femmes hésitèrent moins. Elles rassemblèrent leurs enfants avec des cris, de grands mouvements de bras. Elles ramassèrent les bébés, les fourrèrent au creux de leur jupe avec le croûton de pain noir du déjeuner et prirent, elles aussi, le chemin du refuge seigneurial.

Il fallait sonner encore, sonner toujours.

Le chapelain, tiré de ses pensées, comprit enfin qu'un danger était imminent[1] et il arriva en soutenant son ventre à deux mains.

– Que fais-tu donc, là, mon enfant ? Que sonnes-tu ? Es-tu fou ?

– Non, mon père, je ne suis pas fou, répondit Martin en quittant le sol une fois encore.

Et, quand il toucha de nouveau terre aux pieds du chapelain :

– Nous sommes attaqués. Il faut bien avertir le seigneur !

– Nous sommes attaqués ?

– Eh ! oui, mon père.

– Comment le sais-tu ? Qui te l'a dit ?

– Je l'ai bien vu tout seul !

Il était si excité, Martin, qu'il en oubliait ce religieux respect que l'on devait aux gens d'Église. Il criait très fort pour couvrir la voix du bourdon et le chapelain suivait des yeux son va-et-vient vertical pour essayer de voir clair dans ce que lui disait cet insolent petit rustre[2].

La protection des paysans

Au Moyen Âge, un seigneur a l'obligation de veiller sur ses paysans en cas d'attaque. Affolés, les serfs et les vilains se précipitent dans la basse-cour, c'est-à-dire la cour intérieure du château, protégée par les murailles (voir château, dossier images, p. II).

1. Proche.
2. Paysan.

Lorsqu'il fut assuré que tout le château était en branle-bas[3], Martin lâcha la corde. Le dernier coup de cloche se perdit dans le bruit des préparatifs de défense.

– Si c'est moi qui le raconte à notre seigneur, on ne me laissera pas parler, dit l'enfant en se frottant les mains, mais, si c'est vous, mon père, on vous croira. De là-haut, j'ai vu des choses qui m'ont paru étranges.

– Je t'écoute, mon fils, répondit le prêtre avec curiosité.

Dans la pénombre de la chapelle, Martin eut bien envie de charger le fauconnier du complot qu'il avait flairé. C'était si tentant ! Il résista pourtant à la tentation mais il mélangea si bien les oiseaux de proie et les hommes d'armes, la prison et le geôlier, le fauconnier et l'ennemi qui arrivait sous les murs, que le chapelain n'y comprit rien.

– Va, mon fils, dit celui-ci.

Et il alla s'agenouiller pour chercher sincèrement le parti qu'il devait prendre.

L'enfant profita du tumulte général. Maintenant, il ne risquait plus d'être arrêté. Dans les créneaux, tous les visages devaient se tourner vers l'armée qui approchait, qui gravissait la colline et serait, bientôt, à une portée de flèches.

Les paysans, talonnés[4] par la peur, se pressaient sur le pont-levis. L'un voulait faire entrer sa vache, l'autre avait trois moutons à sauver. Ils se bousculaient, frappaient de leurs bâtons l'échine des bêtes et le dos des voisins, avec des cris, des jurons et des invocations adressées au Ciel.

3. Prêt au combat.
4. Poussés.

Une fois le pont passé, ils se taisaient. Ils étaient à l'abri des remparts, qu'importait le reste. Y aurait-il eu, sans cette attaque, moins de famine, moins de travail et de misère ?

Une femme, pourtant, continuait de pleurer. Assise sur une botte de paille, les pieds nus dans la boue, elle inspectait chaque fenêtre étroite, chaque échancrure[1] des murailles, dans l'espoir d'y trouver son fils.

– Ne pleure pas, la mère, grogna le mari en posant maladroitement sa grosse patte sur l'épaule de sa femme. On le dit en pénitence[2]. Il est aussi en sécurité. À cette heure, il vaut mieux être dans le château qu'au village.

– Cela fait tant de jours, déjà !

– Messire Guilhem nous le rendra. Il est bon, lui.

L'homme n'acheva pas d'exprimer sa pensée. Des oreilles, partout, écoutaient pour le plus grand profit du maître fauconnier[3].

Pendant ce temps, à l'autre bout de la cour, Martin rejoignait la masse des réfugiés. D'abord, il fut surpris par ce spectacle que, pourtant, il ne voyait pas pour la première fois. Puis il se faufila au milieu des groupes d'hommes et de femmes mêlés aux porcs et aux volailles, parmi le foin et les flaques d'eau. Il courut de l'un à l'autre, à la recherche de ses parents, et les visages résignés se tournaient vers lui chaque fois qu'il les interrogeait du regard.

Tous les villageois étaient là et personne ne lui adressait la parole. On aurait dit qu'ils oubliaient, en eux-mêmes, l'heure difficile qu'ils avaient à traverser.

– Mère !

1. Trou.
2. Peine imposée pour réparer une faute.
3. Pour aller rapporter la discussion au maître fauconnier.

Il venait de l'apercevoir, là-bas, dans l'encoignure[4] que faisait une borne contre le mur. La mère se leva, ouvrit la bouche, ouvrit les bras. L'enfant se précipita et ils pleurèrent, tandis qu'au même moment éclatait la bataille.

Une de plus, semblable à toutes les batailles.

À l'agitation du début succéda la lutte organisée. Les archers, un pied contre la muraille, la pointe de la flèche engagée dans la meurtrière, bandèrent[5] leurs arcs. Il y eut un sifflement, un vol mortel auquel répondit, venu des fossés, un autre vol qui retomba dans la lice[6] en une pluie d'étoupe enflammée[7].

Dans la cour, les animaux s'affolèrent. Les vaches meuglèrent longuement, les yeux égarés par la peur. Les brebis qu'on avait pu conduire jusque-là se contentaient de se bousculer un peu quand un brandon[8] s'abattait sur leur dos.

Les paysans attendaient. Les femmes suivaient du regard la trajectoire des flèches dans le ciel et se signaient[9] quand se rapprochait le point de chute. Les jeunes gens montaient sur les remparts pour jeter des quartiers de roche qui arrêtaient l'assaut ennemi dans un hurlement de souffrance. En même temps, ils étaient attirés par le désir de savoir si cette fumée épaisse que le vent emportait était celle de l'incendie de leur village. Martin serrait dans ses bras un petit frère qui criait de peur et que rien ne pouvait rassurer.

– Ne pleure pas. Mets ta tête contre mon épaule. Tu ne verras rien. Tu n'entendras rien. Tout va être fini bientôt.

4. Le coin.
5. Tendirent.
6. Terrain entre les palissades du château et les murailles (voir château, dossier images, p. II).
7. En une pluie de flèches enveloppées de tissu enflammé.
8. Une torche.
9. Faisaient le signe de croix.

La défense du château

Au sommet des murailles, le chemin de ronde sert à surveiller et à défendre le château. On peut se protéger avec les créneaux (creux) et les merlons (pleins), et attaquer grâce aux archères ou meurtrières, ouvertures longues et étroites pour tirer à l'arc ou à l'arbalète. On jette aussi des projectiles et de l'eau bouillante depuis les hourds (en bois) et les mâchicoulis (en pierre) construits sur les remparts (voir château, dossier images, p. II).

La bataille avait lieu au-dessus de leurs têtes, sur le chemin de ronde où la mort éclaircissait les rangs. Parmi les assaillants aussi il y avait grand dommage[1]. Des boulets de pierres, lancés des mâchicoulis, rebondissaient sur le plan incliné des courtines pour aller écraser les guerriers. Les plaintes, les vociférations[2] se mêlaient au bruit sourd des coups de bélier[3] qui ébranlaient portes et murailles.

Sur la partie la plus avancée, Guilhem Arnal, un arc à la main, défendait son château avec résolution. Son jeune âge s'exaltait au feu de la bataille. Heaume[4] en tête, gant de maille au poing, gonfanon[5] planté à ses côtés, il était l'âme de la résistance. C'était lui que l'on regardait au moment où l'on allait faiblir. Il le savait et se dépensait sans compter. Les flèches, autour de lui, volaient sans l'atteindre.

Les heures passaient; la lutte ne mollissait pas plus que ne diminuaient les coups de boutoir[6] sur les murailles. Une à une, les échelles furent renversées avec leur charge d'assaillants. L'eau des douves s'ouvrait pour engloutir les morts et les blessés. De l'autre côté, morts et blessés basculaient du haut du chemin de ronde et s'écrasaient dans la boue de la cour. Cela dura longtemps, jusqu'au moment où, soudain, les derniers assiégeants se regroupèrent près des palissades éventrées.

Alors, ce fut le silence. Le château parut comme frappé de stupeur. On n'entendait plus que le mugissement des bêtes et le râle des blessés.

– Père, est-ce que ce serait fini ?

– Plaise à Dieu !

1. Beaucoup de pertes.
2. Hurlements.
3. Sorte de longue poutre dont l'extrémité en fer sert à détruire les murs.
4. Casque.
5. Oriflamme (drapeau).
6. Bélier.

– Mère, vous croyez que…

Elle ne répondit pas, la mère. Elle avait trop peur que ce ne fût pas fini. Elle rattrapa un de ses enfants qui profitait de la surprise générale pour s'échapper et elle le serra contre elle, avec tous les autres, à pleins bras.

– Ils sont tous là et Martin aussi ! Grâce au Ciel !

Des créneaux jaillissaient des vivats[7] qui sortaient des poitrines haletantes, des injures et des quolibets[8] à l'adresse des fuyards.

Car ils fuyaient !

Ils abandonnaient !

– Ils se replient, mère ! Père, ils s'en vont !

Martin criait lui aussi, libéré enfin de cette contrainte, de cette peur qui avait duré si longtemps. Les paysans montaient sur le chemin de ronde pour mieux voir. Les femmes les rejoignaient, empêtrées dans[9] leurs jupes, et pleuraient, et riaient, et s'exclamaient.

– Mère, laissez-moi y aller ! supplia Martin.

Il n'attendit pas la réponse, il était déjà parti. Martin, jamais, n'attendait la réponse aux questions qu'il posait, il était trop emporté pour cela.

– Quel caractère ! soupira la pauvre femme. Toujours incapable d'écouter un conseil.

– Laisse-le aller, lui dit son mari. Il n'y a plus de danger à présent.

– Pour Martin, il y aura toujours du danger. Il est indomptable. Tu peux sourire ! Vous, les hommes, vous êtes tous les mêmes ! Et vous ne pensez jamais aux souffrances que nous avons, nous autres, femmes.

– Te fâche pas, la mère. Il est jeune. Cela lui passera.

7. Cris de joie.
8. Plaisanteries méchantes.
9. Gênées par.

Martin arriva au créneau et frémit d'horreur. Les douves regorgeaient de cadavres et de débris. Des chevaux erraient dans la campagne. Certains traînaient leur cavalier, blessé ou mort, dont le pied était resté pris dans l'étrier. Des hommes souffraient sur l'herbe tachée de sang, d'autres mouraient.

Là-bas, loin déjà, les survivants s'en allaient en poussant devant eux le bétail qu'ils avaient pu rassembler. Des chariots chargés de butin les suivaient. Beaucoup de combattants avaient péri mais la guerre avait été fructueuse[1].

Guilhem Arnal retira le heaume. Son visage ruisselant de sueur s'éclaira d'un rire triomphant. Pour bien montrer que le château lui restait, le baron saisit à pleine main sa lance au gonfanon déchiré et, de toute la force de son bras, il la ficha[2] en terre au milieu de la cour.

Puis, sous le regard de tous, seul sur sa muraille qu'il avait si bien défendue, il se jeta à genoux et remercia Dieu.

6. Les paysans

Martin sortit, avec les villageois, de l'enceinte fortifiée. Dans d'autres circonstances, il aurait été fou de bonheur en voyant de nouveau, après les longs jours de réclusion[3], la campagne ouverte devant lui.

Mais la campagne n'offrait que désolation. Les chaumines[4] incendiées fumaient encore. Les meules de bon blé n'étaient plus que cendres.

1. Avait rapporté des richesses.
2. Planta.
3. Prison.
4. Petites chaumières.

Pauvre blé ! Pendant le printemps lorsqu'il était en herbe, tout au long de l'été quand les épis s'étaient formés, les paysans avaient tremblé pour lui. Ils en avaient suivi la maturation avec angoisse, les yeux constamment tournés vers le ciel où se gonflait une nuée d'orage, et plus encore vers l'horizon où une autre nuée, bien plus redoutable, pouvait apporter la guerre.

Ils l'avaient attendue, cette guerre, étonnés d'avoir vécu des mois sans qu'elle vînt. Le blé avait été coupé, mis en meules. Les manants avaient décroché leurs fléaux[5], et c'est alors, quand l'espoir était enfin permis, que la guerre était survenue.

Plus rien ne restait du village. Renversées, les palissades qu'on avait plantées dans le vain espoir qu'elles résisteraient à l'envahisseur. Brûlées, les granges et les maisons aussi. Et toutes les provisions que l'ennemi n'avait pu emporter. Dans un enchevêtrement de solives[6] fumantes et de murs éclatés, les sacs de farine éventrés se mêlaient aux belles grappes de raisin qu'on avait mises à sécher sur les claies[7]. Tout était piétiné, foulé, détruit. La famine, dès le lendemain, s'installerait au village.

Les paysans ne dirent rien. Ils remirent pierre sur pierre et allèrent au ruisseau couper une nouvelle moisson de roseaux pour se refaire un toit.

Martin les aida dans leur tâche. Il avait tant d'occupations qu'il oubliait quelquefois d'avoir peur. Pas pour longtemps ! Maintenant que la bataille était passée, qu'allait dire le seigneur ? Le fauconnier n'allait-il pas, de nouveau, se saisir de ce jeune serf qui se permet-

5. Instruments qui servent à battre le blé.
6. Poutres.
7. Grilles.

tait de lui tenir tête ? Rien, malgré le silence, ne pouvait laisser croire qu'il eût abandonné tout ressentiment[1].

Alors, la peur revenait. Martin se cachait dans un coin de la maison hâtivement reconstruite. Il aurait voulu se rendre plus utile mais il n'osait pas sortir. Celui qui a connu la cellule ne goûte qu'en tremblant une liberté menacée.

– Martin, il faut aller chercher des glands, dit le père, quelques jours après la bataille.

L'enfant était dans un moment de crainte. Il essaya de se soustraire à cette besogne.

– Père, pas tout de suite, je vous en prie. On va me voir.

– Le moulin ne moudra pas de froment, cette année. Si nous attendons trop, il n'y aura plus de glands. Ils seront tous ramassés et les sangliers auront même mangé les derniers.

– Père, j'ai peur.

– Du fauconnier ?

– Oui.

– Nous prendrons à travers les collines, nous ne le rencontrerons pas.

– Vous savez que je n'ai pas peur de l'ouvrage et que je vous aiderais bien volontiers si je le pouvais.

Le père, d'une main affectueuse, ébouriffa les cheveux de son fils.

– Reste ici. Tu viendras une autre fois. Mais n'aie pas tant de souci, il a autre chose à faire, le fauconnier, qu'à penser à toi !

1. Toute rancune.

Il riait, en disant cela, pour rassurer son enfant et, peut-être, pour se rassurer un peu lui-même. Sa besace[2] à l'épaule, il prit seul le chemin des bois.

Tout le village était sous les arbres, et les sangliers, cet automne-là, ne croquèrent pas beaucoup de glands. Chacun fouillait la mousse, fourrageait[3] au creux des feuilles mortes d'où se dégageait une odeur d'humus[4] qui faisait crier les ventres vides.

Les premiers jours, chacun trouva de quoi remplir son sac et calmer ses tiraillements d'estomac en mangeant les plus beaux fruits sur place. Puis, la récolte se fit quelque peu hasardeuse[5]. On mit alors plus de précipitation à s'emparer d'une rare provende[6]. Il s'y mêla des palabres[7], des querelles et des coups de poing, la faim avait commencé son long et ténébreux travail de destruction.

La mère, pourtant, fit des galettes avec une grande joie au cœur : elle avait retrouvé son fils. Mieux valent galettes de farine de glands mangées en famille que bon pain de blé qu'on ne partage pas avec les absents. Voilà ce qu'elle se disait, la mère, en pétrissant la pâte et en portant les petits gâteaux au four banal[8].

Et c'était vrai que, jamais, galettes de pauvre farine ne furent mieux réussies.

Pendant qu'elles cuisaient, la paysanne surprit les bribes d'une conversation qui arrêtèrent les battements de son cœur. Elle s'était assise un peu à l'écart pour éviter les questions au sujet de son enfant et mieux rester en ses pensées. Soudain, elle crut entendre que le fauconnier avait été blessé dans la bataille.

Les banalités

À l'origine, le ban désigne le territoire soumis au pouvoir et à la loi du seigneur. Ce dernier met à la disposition des paysans des équipements comme le four, le pressoir ou le moulin. En échange, les habitants ont l'obligation d'utiliser ces installations et de payer des taxes au seigneur : les banalités. Après la Révolution, l'usage du four banal est conservé, mais les villageois n'ont plus à payer de taxes. C'est pourquoi l'adjectif *banal* signifie de nos jours « commun ». Dire des banalités, c'est énoncer des paroles creuses, des idées communes.

2. Son sac.
3. Cherchait.
4. De terre.
5. Incertaine.
6. Provision de nourriture.
7. De longues discussions.
8. Four à pain du village.

Elle se leva d'un mouvement qui trahissait sa surprise et elle s'approcha du groupe des commères[1] afin d'obtenir des précisions. Pas directement, bien sûr, ce n'eût pas été prudent.

– Tiens ! la Marie ! Tu fais bien la fière, aujourd'hui ! attaqua une des femmes avec cette bonne humeur acide commune à toutes les mauvaises langues villageoises.

– Mais non ! Mais non ! On a ses soucis, voilà tout !

– Qui n'a pas les siens ! Enfin… On en a plus ou moins ! Certains en ont plus que d'autres !…

La mère tenta de trouver un ton indifférent :

– On dit que notre dame[2] a eu grande peine de voir son village brûlé.

– Elle a pleuré. Et je sais de quoi je parle : c'est la Pierroune du château qui me l'a raconté.

– Et le seigneur Guilhem ? Que Dieu le protège !

– Il n'a pas été blessé.

– On dit qu'il y a eu beaucoup de blessés.

– Beaucoup de morts aussi !

– On dit que le maître fauconnier a été blessé.

– Une flèche. Dans l'épaule. Il s'en tirera mais il n'est pas encore sur pied !

– Le temps me presse. Mes galettes sont cuites, je m'en retourne chez nous, bredouilla la pauvre femme qui ne savait comment dissimuler sa joie.

Et elle s'en alla si vite, si vite, qu'elle en eut le souffle court. En remontant le coteau, elle s'arrêta derrière une haie et là, elle rit toute seule, longtemps, jusqu'à ce qu'elle pleurât.

1. Bavardes.
2. L'épouse du seigneur.

– Mon Martin va être content, se répétait-elle. Sûr qu'il va être content… Il n'est pas encore sur pied ! Une flèche dans l'épaule !

Elle repartit, heureuse parce qu'elle avait des galettes et que son fils en mangerait. Elle arriva hors d'haleine à la chaumière. Martin, accroupi dans un coin, la vit surgir, refermer la porte et rester là, à demi pliée, appuyée au bois sombre pour reprendre son souffle. Elle n'attendit pas d'avoir retrouvé son calme, elle lui cria la nouvelle :

– Blessé ?

– Oui. Une flèche dans l'épaule !

Elle riait d'un rire nerveux qui la secouait tout entière. Lui, au contraire, sentait un nœud très dur qui se défaisait dans sa poitrine. Malgré les poutres calcinées, la maison réparée à la hâte, la faim qui, déjà, se faisait sentir, il trouva soudain la vie merveilleusement belle.

– Blessé ! Il est blessé, mère !

– Tout le village en parle. On me l'a dit au four.

Il la débarrassa de la corbeille qui contenait les galettes et l'embrassa en la serrant très fort. Tous deux mêlèrent leurs sanglots.

– Bêtes que nous sommes ! Pourquoi tant pleurer ? fit la mère en s'essuyant les yeux au creux des mains jointes. Nous sommes tranquilles pour quelques jours, à présent.

Pourtant, si elle avait su, comme elle aurait été inquiète !

Dès qu'il eut appris la blessure du fauconnier, Martin oublia sa peur. Son amour des animaux fut le plus fort. L'incorrigible gamin se remit à courir la campagne. Non pas qu'il pensât à remplacer son ami – il avait, de la fidélité, un sens qui lui interdisait de se choisir un autre compagnon – mais il aimait plus que jamais guetter la vie sauvage au creux des haies ou dans les bois.

Au long de ses promenades, il cherchait le moyen de reprendre l'oiseau. Il goûtait cette solitude qui le dérobait à tous les regards. Endurci par la prison, il ne laissait plus lire l'espoir qu'il conservait en lui.

– Où vas-tu ? s'inquiéta la mère quand, le second soir, elle le vit sortir à l'heure où chassent les hobereaux.

– Me promener.

Déjà, elle se figurait qu'il allait chercher un autre nid. La tranquillité avait été de bien courte durée.

– Non, mère, je vais me promener. C'est tout.

Il partit vers le château. Il connaissait, au bord des douves, un cyprès qui, vu de l'extérieur, paraissait un fuseau parfait mais qui renfermait de grands creux au plus profond de son feuillage.

Il grimpa à mi-hauteur. Au-dessous de lui, il n'y avait que des eaux verdâtres, la muraille aveugle en face.

Derrière cette muraille était la fauconnerie. Martin entendait japper les chiens.

« Si je pouvais, pensa-t-il, entrer au château, aller jusque-là et le sauver ! »

Il fit des projets. Les plus fous, les plus risqués. Il se vit escaladant de nuit les remparts, passant le pont-levis, déguisé en pèlerin de Saint-Jacques-de-Compostelle. Il s'imagina pénétrant dans la fauconnerie. Les lévriers grogneraient. Les oiseaux ouvriraient leurs ailes et le regarderaient tous en même temps. Un seul le recon-

Le pèlerinage de Saint-Jacques-de-Compostelle

Pour accomplir ce grand pèlerinage (le plus important du Moyen Âge) qui mène en Espagne, les chrétiens empruntaient les routes du Languedoc. Tout homme avait le devoir d'accueillir et d'offrir l'hospitalité au pèlerin (ou jacquet). On reconnaissait les jacquets à leur costume : la tunique, la besace (petit sac) et le bourdon (ou bâton de pèlerin) souvent orné d'une coquille Saint-Jacques.

→ Du texte à l'image p. 54

Faucons

Planche ornithologique, 1886.

→ Du texte à l'image p. 98

Château du XIIIe siècle

→ Du texte à l'image p. 98

Les Trois Ordres

Enluminure, XIIIe siècle

→ Du texte à l'image p. 127

La Chasse au vol

Enluminure, 1455.

naîtrait. Martin briserait la chaîne – comment ? il ne le savait pas ! – puis il se précipiterait dans la cour. D'un geste triomphant, il lancerait l'oiseau qui s'envolerait par-dessus les murailles…

Mais les murailles étaient toujours entre l'oiseau et lui. Elles avaient résisté à l'assaut de toute une armée, elles sauraient bien garder leur prisonnier.

« Cela n'empêche pas que j'étais prisonnier, moi aussi, et que je me suis évadé ! » se dit Martin avec fierté.

Il resta là un long moment, pelotonné sur une branche, des brindilles sèches dans le cou, qui le grattaient.

Puis, lorsqu'il fut sûr que personne ne se trouvait dans les parages, il s'enhardit. Il siffla doucement, longuement, comme il avait l'habitude de le faire au temps de leurs jeux de chaque soir.

L'ami allait l'entendre, c'était certain. Il allait profiter d'une bague[1] desserrée, d'une minute d'inattention de son gardien. Il reconnaîtrait l'appel.

Martin attendit, le visage hors du feuillage, les yeux au ciel.

Autour des poivrières, les corneilles croassèrent. Et ce fut tout.

7. Guilhem Arnal de Soupex

GUILHEM ARNAL, APPUYÉ À L'ÉTROITE FENÊTRE de sa chambre, regarda longtemps le paysage qui s'étendait sous ses yeux. Ce n'était partout que ruine et que tristesse, murs calcinés et cette mélancolie que l'automne donnait aux bois, aux haies, aux chemins.

1. D'un anneau fixé à la patte des faucons.

Les meules avaient brûlé, les chaumières aussi. Mais le château avait résisté, le château aux greniers débordants de blé, aux barriques pleines de vin.

« Je ferai distribuer du pain, voilà tout ! »

Il était en paix avec lui-même. Il avait risqué sa vie, il l'avait jetée dans la bataille pour sauver son honneur, ses biens, ses paysans. Sa tâche était remplie.

Le jeune homme laissa errer son regard avec reconnaissance sur les murailles crénelées et sur les tours. Elles avaient soutenu le siège, les bonnes murailles que lui avaient léguées ses pères.

« Moi aussi, je les transmettrai aussi fortes que je les ai reçues ! » se promit-il.

Quelques rivaux avaient peut-être misé[1] sur sa jeunesse et son inexpérience pour tenter de lui imposer leur loi. Ils avaient compté sans sa vaillance.

Près de lui, dans la salle voisine, sa mère filait[2] et chantait, entourée de servantes. Leurs voix parvenaient à travers les portes restées ouvertes et Guilhem puisa dans ce chant retrouvé une raison de plus d'être heureux.

Un reste de la folle ardeur du combat coulait encore dans ses veines. Il était fier d'avoir triomphé, d'avoir connu cette joie sauvage quand on sent que l'ennemi perd pied, qu'il hésite et recule peu à peu. Guilhem en frémissait encore. Pour dépenser ses forces, il se jeta sur son dogue[3] dont il saisit l'encolure à pleins bras.

– Défends-toi !

Tous deux roulèrent sur les dalles. La bête était énorme. Elle referma sa gueule sur une des cuisses de son maître qui tenta vainement de se délivrer.

Les fonctions du château fort

Guilhem, seigneur de Soupex, a hérité des domaines et des biens légués par son père, dont le château fort. Plus le bâtiment est imposant, plus le seigneur est puissant. Lieu militaire, il sert à protéger les biens et les habitants, et à repousser l'ennemi. Le seigneur y rend aussi la justice. Enfin, c'est là que le seigneur et sa famille habitent.

1. Parié.
2. Transformait de la laine en fil.
3. Chien de garde à grosse tête et au museau écrasé.

– Tu ne… seras pas le… vainqueur, haleta Guilhem. Je t'écraserai, toi aussi !

Comme tous les seigneurs de son temps, il aimait la violence, la lutte qui permettait au corps de prouver sa valeur, aux muscles de se tendre, aux bras de distribuer des coups afin que s'appliquât la toute-puissante loi féodale du plus fort.

Il parvint à glisser sa main entre les mâchoires du chien et, lentement, il dégagea sa jambe.

La salle résonna des aboiements de la bête.

– Tu vois ! Je savais bien que je gagnerais !

Le chapelain, sur ces entrefaites[4], était entré.

– Hum ! Hum ! toussota-t-il pour signaler sa présence.

– Venez, mon père, ne craignez rien. Nous jouions tous les deux !

Guilhem remit un peu d'ordre dans ses vêtements, constata que le drap de ses chausses[5] avait une déchirure à l'endroit où les crocs du chien s'étaient plantés, et lança joyeusement :

– On dit que vous avez à me parler !

Ce n'est qu'à ce moment-là qu'il remarqua la mine soucieuse du chapelain et ce pli au front qu'il reconnaissait chaque fois que sa jeunesse turbulente encourait la désapprobation[6] du saint homme.

– Voyons, mon père, pourquoi ce visage ? Nous ne sommes pas en carême !

– Ce que j'ai à vous dire, mon fils, est de la plus haute importance.

– Eh bien, dites-le !

Le carême

Période de plus de quarante jours avant Pâques durant laquelle les catholiques jeûnent et prient. Le jour qui précède l'entrée en carême est le mardi gras, jour de fête et de carnaval.

4. Pendant ce temps.
5. Son caleçon long.
6. Les reproches.

Ils s'assirent dans des fauteuils à haut dossier, le dogue à leurs pieds.

– Dieu nous a donné la victoire parce que notre cause était juste, commença le chapelain en fixant ses doigts croisés sur sa robe de bure[1].

– Bien sûr ! approuva le jeune homme.

– Parce que Dieu ne soutient pas la trahison.

– La trahison ? Comme vous y allez !

Guilhem plaisantait encore mais il ne riait déjà plus. Le mot terrible venait de résonner entre les murailles que lui seul pouvait faire tomber. Les remparts imprenables ne l'étaient plus si un traître vivait au château.

Le chapelain laissa errer son regard sur la cheminée, sur le lit, sur les tapisseries, comme s'il eût voulu découvrir, à travers les étoffes et les pierres, l'indiscrète présence qu'il redoutait.

– Oui, mon fils, la trahison. Je la sentais à mille détails depuis quelques semaines…

– Qui a trahi ? coupa Guilhem avec une soudaine impatience.

– Messire, je ne sais. Et c'est là qu'est la difficulté.

– Alors que savez-vous, mon père ? demanda le jeune homme en se forçant au calme.

Le chapelain décroisa ses doigts et les recroisa posément.

– Il me semble que votre jeunesse et la fougue que vous montrez depuis votre héritage attirent les envieux. Vous avez trop ouvert votre château à tout le monde. Tous ces jongleurs, ces bohémiens…

1. Grosse étoffe de toile brune.

– Ai-je perdu mon âme pour quelques chansons de geste[2] entendues ?

– Non, mon fils. Aussi bien n'est-ce pas un reproche que je vous fais. Votre âme est belle et pure autant que le métal de votre épée. Mais vous savez ce que sont tous ces baladins qui vont de château en château : des colporteurs de complots, des espions, des émissaires[3] de trahison.

– Tous ceux qui sont entrés ici étaient connus de moi, répliqua Guilhem.

Mais il réfléchissait. Se pouvait-il qu'un de ces hommes, au sortir de la salle à manger où il avait chanté quelque ballade, fût allé corrompre la garde ?

– Dites-moi tout ce que vous savez, mon père, il faut que j'apprenne la vérité.

– Ces soupçons, je ne les ai eus qu'après, reprit le chapelain. L'enfant m'a dit ce qu'il avait vu et…

– De quel enfant parlez-vous ?

– De celui qui était enfermé dans la tour parce que…

– Un enfant dans la tour ?

– Je vois, messire, que vous n'êtes au courant de rien. Votre maître fauconnier a surpris un jeune serf en train de dénicher un hobereau. Pour l'en punir, il l'a enfermé et vous prépare la surprise d'un faucon branchier[4] merveilleusement dressé.

– Encore aurait-il dû me dire qu'il enfermait un enfant ! Qu'on relâche ce gamin !

– Le drôle[5] n'a pas attendu votre ordre, dit le chapelain avec un sourire destiné à apaiser un éventuel courroux[6],

2. Poèmes racontant les exploits d'un héros.
3. Messagers.
4. Jeune faucon qui ne peut voler que de branche en branche.
5. Chenapan.
6. Colère.

et je vous demande de faire preuve de clémence[1] à son égard…

– Tout cela est bien compliqué. Il est parti, très bien ! Revenons-en au problème qui nous occupe.

– C'est que les deux sont liés. L'enfant, du haut de son observatoire, a vu arriver l'ennemi. Il a remarqué l'indifférence de la garde et, au risque de se rompre les os, il a sauté sur le chemin de ronde et a sonné la cloche.

Guilhem Arnal ne l'écoutait plus. Il traversa la chambre à grandes enjambées et cria par la porte ouverte :

– Faites venir ici le capitaine des gardes !

Puis, s'adressant de nouveau au chapelain :

– Vous dites, mon père, que c'est un enfant du village ?

– Oui. Martin, le fils de Brichot le bûcheron. Un bon petit qui, certainement, ne croyait pas mal faire.

Guilhem ne répondit pas. Il avait repris sa station debout, face à la fenêtre. Des pensées tumultueuses remplaçaient l'éclatant bonheur qui l'avait habité quelques instants avant l'entrée du religieux.

« Ainsi donc, pensait-il, la vaillance ne suffit pas. Il n'est pas assez d'un arc, de flèches et de courage. Il faut aussi lutter contre la perfidie et la trahison. Parmi tous les gens qui s'asseyaient à ma table, quels étaient donc ceux qui masquaient leur âme ? »

– Si vous le permettez, messire, je vais me retirer.

– Nous réglerons plus tard cette histoire de hobereau. Je n'aime pas savoir qu'on se substitue à moi pour rendre la justice.

1. D'indulgence.

– Votre fauconnier a cru bien faire. Soyez indulgent.

– Il a dépassé sa charge. Cela doit lui être dit.

– Il a été blessé au combat.

– Je sais. Son courage n'a d'égal que son amour de la chasse.

Un jeune page[2] entra, tout essoufflé.

– Messire, annonça-t-il, le capitaine des gardes n'est pas au château. On l'a cherché partout !

– À cette heure ? Où est-il donc ?

Le page reprit son souffle pour donner plus de force à ce qu'il allait dire :

– Messire, on ne l'a pas revu depuis la bataille.

Guilhem Arnal reçut le choc sans qu'aucun de ses traits ne bougeât.

– Je comprends, murmura-t-il. Je comprends très bien, maintenant.

Puis, soudain, d'une voix claire et avec un rire dépourvu de toute gaieté :

– Dieu soit loué ! Nous avons vaincu ! La trahison n'a pas été la plus forte !

– Dieu aime les justes, répondit le chapelain en faisant un signe de croix.

– En somme, c'est cet enfant qui a donné l'alarme. Sans lui, nous étions surpris. Qu'on aille le quérir[3], ordonna Guilhem.

Il se forçait à la joie pour essayer d'échapper aux tristes pensées qui l'assaillaient.

2. Jeune noble servant un seigneur.
3. Chercher.

8. Traqué

La mère, assise sur un rondin de bois devant sa porte, vit arriver les deux hommes d'armes. Elle comprit tout de suite qu'on en voulait à son enfant. L'heure tant redoutée était venue.

Elle eut d'abord une grande peur qui faillit la jeter, suppliante à deux genoux, au milieu du chemin. Puis, l'imminence[1] du danger lui dicta une meilleure attitude.

« S'ils me voient rentrer, ils se douteront que je vais l'avertir, réfléchit-elle. Il faut pourtant qu'il s'enfuie. »

Sans se retourner, sans interrompre le mouvement de ses doigts sur la quenouille[2], elle appela à voix basse :

– Martin !

– Oui, mère ! répondit celui-ci de l'intérieur de la chaumière.

– Non, ne sors pas ! Approche-toi de la porte et écoute-moi bien… Plus près ! Je ne peux pas parler fort. Ils viennent te chercher. Sauve-toi par la fenêtre et va te cacher dans les bois. Cette nuit, tu reviendras. Je te préparerai à manger.

Martin sentit qu'il fallait obéir sans perdre un instant. Il se glissa à travers la petite fenêtre et sauta dans l'enclos. Une haie descendait jusqu'à la palissade éventrée. Après, c'étaient les premiers champs, bordés de haies, eux aussi. La fuite était aisée.

Il courut, plié en deux, épouvanté chaque fois qu'une poule surgissait des basses branches avec des caquetages effarouchés. Il atteignit le bout de l'enclos et s'arrêta pour regarder en arrière.

1. L'approche.
2. Le bâton qui sert à filer la laine.

Les hommes parlaient avec la mère. Leurs silhouettes massives se découpaient sur le ciel, surmontées des pointes de leurs lances.

– Je ne sais pas où il est, disait la mère. Je ne l'ai pas vu depuis ce matin. Il est toujours à courir, vous savez.

Sa voix parvenait jusqu'à l'enfant blotti dans le feuillage. Comme elle avait l'air calme, la mère !

– Le seigneur nous envoie pour le chercher. Faut le trouver, répondit un garde.

– Je vous dis qu'il n'est pas dans la maison. Vous pouvez regarder.

L'un d'eux entra en baissant la tête, l'autre fit le tour de la chaumière. Il jeta un regard rapide dans l'enclos. Martin se crut découvert. Les genoux au menton, il se ramassa le plus qu'il put, cependant que des gouttes de sueur coulaient le long de son dos.

Le garde n'insista pas. Comme son compagnon ressortait, il estima qu'il avait fait, lui aussi, le nécessaire. Tous deux reprirent le chemin du château après avoir lancé ces paroles que la mère et le fils entendirent avec effroi :

– On reviendra ce soir. Dis-lui d'être là.

La paysanne les regarda s'éloigner. Quand elle fut sûre qu'ils ne se retourneraient pas, elle pénétra dans l'enclos. Là, une main en visière, elle inspecta chaque champ, chaque prairie, jusqu'à ce qu'elle découvrit la tache déjà lointaine que faisait le surcot brun de son fils. L'enfant, apeuré après ce qu'il venait d'entendre, fuyait vers la forêt. Parfois elle le perdait de vue au coin d'un rideau d'arbres et elle tremblait quand elle le voyait se lancer au travers d'une prairie pour gagner du temps.

« Pour sûr que le guet va le voir ! Pourquoi fait-il cela ? Non ! pas par là ! Ah ! mon Dieu ! »

Il disparut. Elle revint s'asseoir sur le rondin, reprit sa quenouille, et personne n'aurait pu deviner, à la voir si calme, si rapide à l'ouvrage, qu'elle avait en elle une peur qui l'occupait tout entière.

Martin ne se sentit en sécurité que lorsqu'il eut atteint les bois. Au milieu des fourrés et des buissons armés d'épines, il était assuré d'échapper à toutes les poursuites. L'automne n'avait pas achevé de dépouiller les arbres. Le vent arrachait les feuilles qui craquaient ensuite sous les pas. Ce bruit n'effrayait guère Martin dont les pieds nus sauraient être silencieux à la moindre alerte. Seulement, le vent, la rousseur de tout ce qui l'environnait et les gros nuages qui pesaient sur la forêt augmentaient la peine qu'il avait au cœur.

Allait-il errer ainsi jusqu'au soir sous les arbres ?

Une bourrasque jeta sur les feuilles une poignée de pluie. Les gouttes ne touchèrent pas le sol mais Martin eut froid. Il dirigea ses pas vers une source qu'il connaissait. Il l'avait découverte, un jour de vagabondage, en suivant la trace d'une laie[1] qui fuyait avec ses marcassins[2]. Personne ne se souvenait plus de cette source et pourtant une pierre, gravée d'un signe mystérieux, prouvait que des hommes, autrefois, étaient venus y boire. Quelque ermite[3], peut-être, qui l'avait aménagée et partagée avec les bêtes de la forêt.

1. Femelle du sanglier.
2. Petits du sanglier.
3. Religieux retiré dans un lieu désert.

Martin y arriva en écartant les branches. La petite fontaine coulait toujours au milieu d'un fouillis d'herbes nées de sa fraîcheur. Sur la pierre mangée de mousse, le signe était visible encore. Martin gratta du bout du doigt le dépôt verdâtre et crut reconnaître un poisson.

« Un poisson ? Qu'est-ce que cela veut dire ? »

Il but au filet d'eau. Pour calmer la brûlure des orties, il baigna ses pieds en couchant les herbes. Après s'être rafraîchi les mains et le visage, il se sentit mieux. Allongé sur le dos, la nuque reposant sur ses doigts croisés, il attendit la nuit.

Un oiseau chanta. Une pie vint se poser tout près. Un lapin ne renonça qu'à contrecœur à croquer les tiges gorgées d'eau, après avoir hésité un long moment devant l'insolite[4] présence de ce dormeur.

Car Martin s'était endormi. La cloche du monastère, sur le coteau voisin, le réveilla comme le soir tombait. Il attendit la nuit close pour retourner au village et se remit alors en marche dans l'obscurité grandissante des bois. À la lisière, il s'arrêta sous le pin où avait commencé son aventure. Le nid se balançait sur la fourche, vide, boule noire sur un fond de ciel encore clair, et qui perdait ses brindilles au vent d'automne. Martin le considéra longtemps.

« Je ne regrette rien, se disait-il. C'était si beau d'apprivoiser un oiseau de proie ! »

Une progression lente le long des haies le conduisit jusqu'aux premières maisons. Les bêtes et les gens s'étaient enfermés pour la nuit. Seule une ombre circulait encore dans son clos[5], s'attardant à ranger une houe,

4. Étrange.
5. Jardin.

à vérifier un loquet, avec une lenteur inhabituelle à cette heure.

Martin enjamba les débris de la palissade et, caché dans les lilas, il appela doucement :

– Mère !

L'ombre se redressa. Elle ne se tourna pas tout de suite dans la direction d'où venait la voix. Elle regarda le chemin entre les chaumières puis la fenêtre du voisin. Lorsqu'elle fut sûre que tout dormait, elle cala un fagot[1] sur sa hanche. Sans se presser, alors qu'elle mourait d'impatience, elle descendit au bas de l'enclos.

– Je suis ici, mère, souffla Martin.

– Pas si fort ! On pourrait nous entendre !

– Nous ne risquons rien.

– Je me méfie du voisin.

Un dernier regard encore et elle lâcha son fagot. Elle n'était pas bien grosse : les branches du lilas se refermèrent facilement sur elle. Là, dans cet abri où chaque mouvement provoquait un craquement de brindilles, elle étreignit son fils comme si elle l'eût retrouvé après une très longue absence.

– Quel souci j'ai enduré tout le jour ! Quelle inquiétude ! « Mon pitchou »[2], tu n'as pas eu trop faim, au moins ?

Elle ne pensait qu'à cela, à la faim qu'il avait pu avoir. De la peur, des longues heures, pas un mot. C'était vrai qu'il avait eu plus de faim que de peur. Il aurait voulu la rassurer, lui dire qu'il avait trouvé des glands, des noix, des champignons, mais il avait le ventre si creux qu'il n'eut pas le courage de mentir.

1. Tas de petites branches destinées à faire du feu.
2. Petit, en patois du Midi.

– Il n'y a plus rien dans les bois. Les gens du village ont tout ramassé. J'ai… J'ai très faim, mère!

– Tu vas manger! Attends, tu vas manger. J'avais encore un peu de lard, je te l'ai gardé! Et je t'ai fait une galette aussi. Je l'ai cuite en cachette sur des pierres chaudes. Je ne pouvais pas la porter au four, tu comprends…

– Allez la chercher, mère, interrompit Martin avec un pauvre sourire que la nuit dissimula.

– C'est vrai! Je parle et, pendant ce temps, tu meurs de faim. Tiens! regarde, c'est tout préparé.

Elle sortit de dessous les feuilles un panier garni des victuailles[3] annoncées.

– Je l'ai mis là avant que tu arrives. Je ne voulais pas que tu rentres à la maison. Il faut que personne ne te voie. Tes frères pourraient parler. Ils sont jeunes, ils ne comprennent pas. Ne mange pas si vite, tu as le temps. Et cette voisine! Elle ne change pas, tu sais! Quand les gardes sont revenus, elle était sur sa porte pour écouter.

– Les gardes sont revenus?

– Oui. Je leur ai dit que tu étais encore dans les champs mais que je t'avais prévenu.

– Qu'est-ce qu'ils ont répondu?

– Rien. Ils sont repartis. Ton père croit que je suis folle d'avoir si peur, que le seigneur te pardonnera. Mais moi je n'ai pas confiance. On t'a bien emprisonné, pas vrai? Je les connais, ils recommenceraient. Il ne faut pas qu'ils te prennent.

Elle chuchotait pendant qu'il dévorait le lard avec une précipitation de chien errant. Quand il attaqua la

3. De la nourriture.

galette, il étendit la main sous le menton pour recueillir les miettes. Rien ne devait se perdre.

– Tu verras, poursuivait la mère, tout sera vite oublié. Il faut laisser passer le temps. J'irai demander ta grâce au seigneur, il me l'accordera. S'il ne me l'accorde pas, j'irai supplier la dame.

Un coup de vent monta de la plaine. On l'entendit courir sur les pâtures[1], secouer le village et se perdre au loin.

– Tu ne peux pas passer la nuit dehors, mon pauvre petit. Il fait trop humide, tu attraperais la mort. Va au monastère[2], demande asile. Tu n'y seras pas poursuivi. Mardi soir, tu reviendras ici à cette heure. Si j'ai obtenu ton pardon, tu pourras te montrer de nouveau.

– Oui, mère.

– Rends-toi utile, là-bas. Aide les moines, sois bon garçon.

– Oui, mère.

– Va vite ! Ne t'arrête pas en chemin…

Elle multipliait les recommandations, sachant bien qu'il ne les écoutait pas, mais les disant quand même dans l'espoir assez vain que toutes ne seraient pas perdues. Soudain, elle précipita la séparation. Elle embrassa son fils, elle lui donna un baiser rapide sur la joue, un baiser presque indifférent, et le poussa hors des ramures[3].

– Pars, maintenant !

La tristesse qu'elle ressentit, personne d'autre qu'elle ne la sut. Étendue sur son grabat, les yeux grands ouverts fixés sur les poutres calcinées qui soutenaient

1. Prés.
2. Bâtiment où vivent des moines.
3. Branches.

mal un toit de fortune[4], elle suivit par la pensée la course nocturne de son enfant.

Martin ne reprit haleine qu'au pied d'une croix plantée à un carrefour. Un sentier serpentait sous les arbres. Au bout était le monastère.

Quelques bâtiments très pauvres, une chapelle ornée de fleurs des champs, un cloître[5] minuscule, une dizaine de tombes, un jardin. Le tout entouré d'un mur de pierres sèches et noyé dans le silence.

La cloche qu'il agita retentit dans ce silence comme un appel de détresse. Elle fut entendue de la même façon car il n'eut pas le temps de sonner une seconde fois.

Un judas[6] s'ouvrit avec un claquement sec de mécanique bien entretenue. Vieille habitude plus que précaution car, tout de suite, une clef grinça dans la serrure et la porte s'ouvrit.

Martin vit dans l'encadrement un haut capuchon noir qui ne laissait deviner aucun trait.

– Mon père, je viens vous demander asile[7].

Le capuchon s'inclina lentement. La silhouette s'effaça pour livrer le passage. Martin entra. Derrière lui, le moine referma la porte.

9. Le droit d'asile

Martin suivit le moine le long d'une allée. Il faisait très sombre quand un nuage cachait la lune. Le garçon n'était pas rassuré.

Il le fut encore moins lorsque son guide ouvrit une porte basse et le fit entrer dans une cellule.

Le droit d'asile

Au Moyen Âge, les monastères sont des lieux protégés où les personnes poursuivies peuvent trouver sûreté et hébergement. C'est ce qu'on appelle le droit d'asile.

4. Provisoire.
5. Cour intérieure du monastère.
6. Une petite ouverture dans la porte.
7. Refuge.

– Mon père, tenta-t-il d'expliquer au moine qui, déjà, allait le quitter, j'ai déniché un oiseau de proie et c'est pour cela que le seigneur…

– Nul n'est tenu d'expliquer pourquoi il demande asile.

La voix était grave, un peu étouffée par le capuchon. Le ton avait une certaine onction[1] et, en même temps, une autorité qui supprimait tout désir de conversation.

Martin se retrouva seul. Point d'autre lumière que celle de la lune quand le vent ne l'enveloppait pas de nuées. Une sorte de lit avec une couverture et une paillasse qui sentait bon les herbes séchées.

Cette odeur rappela à l'enfant certaine vieille paille qu'il avait connue dans une cellule bien plus inquiétante. Les larmes qui lui venaient aux yeux lui parurent donc injustifiées et il les ravala.

N'était-il pas bien, ici ? Et à l'abri ?

À l'abri, surtout ! Du vent, de la pluie, de la faim, des hommes d'armes. À une volée de flèche[2] tout autour du monastère, personne ne devait se saisir d'un fugitif. Le seigneur lui-même ne pouvait violer le droit d'asile. Les moines, en ce siècle de violence, faisaient respecter cette règle de miséricorde[3]. Allons ! Un peu d'énergie ! Pour lutter contre l'attendrissement sur lui-même qui le guettait, Martin continua l'inspection de son nouveau logis. Une table, sous la fenêtre, portait une chandelle. Il y avait encore une chaise. Une petite croix, accrochée au-dessus du lit, paraissait noire sur le mur blanc.

Martin, avec la foi très simple des bonnes gens, se sentit réconforté. Il se mit à genoux, fit le signe de croix

1. Douceur.
2. À partir d'une certaine distance.
3. Pitié, compassion.

et balbutia[4] les premiers mots de la seule prière qu'il connût. Il aurait voulu prier avec ferveur mais il avait trop sommeil. Les mots chuchotés, bientôt, furent plus hésitants. La pensée s'envola. Il fit un nouveau signe de croix, un peu plus rapide que le premier, et se coucha.

La journée passée dans les bois, les courses à travers la campagne et toutes les émotions ressenties eurent raison aussi de sa tristesse. À peine étendu sur la paillasse, la couverture au menton, il s'endormit en écoutant le vent.

Les cloches des matines[5] ne le réveillèrent pas. Personne ne vint le voir, personne ne s'occupa de lui. Les moines, habitués aux pèlerins, aux voyageurs de toutes sortes qui s'arrêtaient un soir pour repartir le lendemain à l'aube, ne prêtèrent aucune attention à ce jeune traîne-chemins[6].

Le frère jardinier, quand Martin lui demanda où il pourrait obtenir quelque chose à manger, lui indiqua, du bout de la houe avec laquelle il désherbait le cloître, la direction du réfectoire[7]. Sa haute taille, son visage d'ascète[8], et surtout sa réponse muette, ôtèrent à l'enfant le peu d'assurance qui lui restait.

À l'heure du déjeuner, debout à la table réservée aux hôtes de passage, il écouta le bénédicité[9] avant de s'asseoir devant une assiettée de soupe. Les religieux, au nombre de sept, mangeaient en silence. La cruche d'eau allait de l'un à l'autre. Les morceaux de pain, dans la corbeille, correspondaient exactement au nombre de convives. Pas un de plus.

Après le repas, Martin erra dans le cloître, à l'abri du vent. Il s'adossa à un pilier auprès duquel des roses tré-

4. Murmura.
5. Messe qui a lieu très tôt le matin.
6. Vagabond.
7. De la salle à manger.
8. De personne qui s'impose des privations.
9. Prière prononcée avant le repas.

mières ouvraient leurs dernières fleurs attardées dans l'automne. Il était là, à contempler le jardinet, quand il entendit :

– Pst !

Un religieux faisait, en se hâtant, le tour du cloître. Chauve et rose comme seuls le sont certains moines. Son visage n'était que sourire. Il souriait des lèvres, des yeux, des pommettes brillantes, des sourcils blancs.

– Je vois que vous ne savez que faire. Venez avec moi.

Martin hésita.

– Si, si ! Venez ! Vous m'aiderez, insista le moine sans cesser de sourire.

Martin se leva. L'un marchant devant l'autre, ils traversèrent le jardin potager, le cimetière, et arrivèrent dans les dépendances du monastère.

– Je ne suis pas fâché d'avoir de l'aide, dit le moine en souriant toujours.

Et, plus bas, il ajouta :

– Et aussi un peu de conversation.

Pendant tout le trajet, il n'avait pas prononcé un mot, suivant ainsi la règle de la maison qui se vouait[1] au silence. Mais ici, c'était le domaine de frère Vincent ; la règle pouvait y être contournée et frère Vincent n'attendit pas une seconde de plus.

– Je suis chargé de la fabrication des fromages. J'ai de la besogne pour toute la journée. C'est bien simple, j'arrive toujours aux offices[2] au dernier coup de cloche.

Il souriait en disant cela, heureux de son innocente indiscipline. Dans ce lieu de solitude, il s'était fait un

Le jardin du monastère

Le potager et le verger fournissent fruits et légumes. Les moines entretiennent aussi un jardin à fleurs pour décorer la chapelle. Dans le jardin des « simples », c'est-à-dire des remèdes, les moines cultivent des herbes aromatiques et médicinales.

1. Consacrait.
2. Messes.

isolement personnel. Il fit entrer Martin dans une petite étable où, sous une voûte romane[3], une vache s'accommodait[4], pour ruminer, de l'exubérance[5] de trois chèvres.

– Voici mon troupeau ! Oui, mes mignonnes, on va vous traire. Eh bien, ajouta-t-il en se tournant vers Martin, je vous ai trouvé du travail. Allez donc me chercher ce cuveau[6], là-bas, sur l'étagère.

Ce que voulait surtout frère Vincent, c'était quelqu'un à qui parler. Tout en trayant la vache, il poursuivit son monologue qui n'attendait pas de réponse :

– Vous êtes donc entré ici. Vous êtes un peu jeune pour avoir une vocation bien assise, mais Dieu appelle quelquefois ses serviteurs très tôt. C'est bien, mon fils...

– Mais...

– Oui, oui, je sais ! Peut-être, pendant quelque temps, pourrez-vous m'aider à faire les fromages. J'en parlerai au père supérieur. Oh ! il faudra se montrer habile !

– Je ne suis pas venu pour...

– Bien sûr ! Rien ne presse. Dieu vous a sauvé, c'est l'essentiel. L'autre cuveau. Non, pas celui-là, l'autre, à côté. Il y a trente ans que je suis ici. Au début, j'étais jardinier. Je crois que le père supérieur m'avait donné cette tâche parce que je déteste faire pousser des légumes. Un chou, c'est bête ! À moi, on ne demandait que de faire pousser des fèves et des choux !

Les pis tarissaient[7] l'un après l'autre sous les doigts experts de frère Vincent. Au dernier, le moine se leva lourdement.

– Maintenant, on m'a donné l'étable et j'en suis content. Je parle avec mes chèvres. Avec vous, c'est plus

3. En arc de cercle.
4. Supportait.
5. Agitation.
6. Cette petite cuve.
7. Les mamelles de la vache cessaient de donner du lait.

agréable car on a une vraie conversation. Mais elles me répondent, elles aussi, à leur manière. Venez, nous allons faire du fromage frais.

Ils passèrent dans une pièce qui servait de laiterie. Tout y était d'une propreté méticuleuse. Des pots de grès[1] s'alignaient sur une planche. Une table de chêne, lavée à grande eau, tenait tout le centre. Une autre table, de moindre importance, occupait un coin. Dessus, des jattes de lait caillé[2] attendaient à l'abri d'une gaze[3] qui les protégeait des mouches.

Deux petites fenêtres assuraient une bonne ventilation. L'une d'elles donnait sur la campagne. Martin, en revoyant le pays familier, se demanda par quel enchaînement de circonstances il se trouvait dans un monastère avec ce moine qu'il ne connaissait pas.

« Pour un faucon déniché ! pensa-t-il. Combien de temps vais-je passer ici ? Est-ce qu'il faudra que je me fasse moine, moi aussi ? »

Le mur d'enceinte, soudain, lui parut bien haut. Qu'allait-il advenir si la mère n'obtenait pas sa grâce ? Il resterait toujours ici à faire des fromages avec frère Vincent.

Celui-ci était bavard mais il travaillait. Il sortit d'un coffre un grand morceau de toile fine qu'il déplia puis tendit devant la fenêtre pour en mirer[4] le tissage.

– Je me méfie toujours des trous. C'est effrayant la quantité de fromage qui peut passer par un petit trou ! On croit pouvoir nourrir toute la communauté avec deux jattes de lait et puis, hop ! on soulève le tamis[5] et il ne reste plus rien !

1. Poteries grossières.
2. Lait pour faire du fromage.
3. Étoffe très fine et transparente.
4. Regarder attentivement.
5. La grille pour filtrer.

Tout en parlant, il étala l'étoffe sur une grande bassine. À l'aide d'une louche de bois, il versa le lait puis, comme le tissu s'alourdissait sous le poids du fromage, il en fixa les quatre coins sur la table avec quatre galets.

– Écoutez-les bêler ! Je sais bien ce qu'elles veulent, les coquines. Quand je fais des fromages à conserver, je les parfume avec du romarin ou du fenouil. Je vais faire ma cueillette dans les collines et, à tour de rôle, je les emmène. Cela les change du pré… Aujourd'hui, vous pouvez toujours bêler, nous ne sortirons pas !

Puis, s'adressant de nouveau au garçon :

– Nous irons demander de la ciboulette[6] à frère André. C'est lui qui m'a remplacé au jardin.

– Je le connais. Il arrachait les mauvaises herbes dans le cloître, ce matin.

– Ah ! vous lui avez parlé ? répondit frère Vincent sur un ton de regret.

Mais il n'en dit pas plus. S'il y avait un peu de jalousie entre le frère André et lui, ou un peu de chicane[7], il sut la contenir dans sa réserve monacale[8]. Il reprit son sourire et, pour avancer davantage en besogne, mira devant la fenêtre un second morceau de toile.

– Prenez une cuiller et goûtez-le en prélevant légèrement pour ne pas abîmer la forme. Vous me direz s'il n'est pas trop sec. Vous voyez que c'est Dieu qui vous envoie ! Nous, les moines, plus que tout autre, nous ne devons pas pécher par gourmandise. Vous m'évitez ainsi un péché.

Martin goûta le fromage.

– Alors ?

6. Herbe aromatique.
7. Dispute.
8. De moine.

– Délicieux !

– Vraiment ?

Martin en reprit.

– Je vous assure !

– Pas trop de sel ?

– Non.

– Assez quand même ?

– Oui.

Frère Vincent saisit une autre cuiller, en racla le fromage.

– Mm ? fit-il, la cuiller en l'air.

Puis, après un temps de réflexion :

– Parfait !

Pause lecture 2

Chapitres 5 à 9

Enfin libre ?

Un assaut repoussé

Avez-vous bien lu ?

Pourquoi les gardes ne réagissent-ils pas ?

❏ Ils n'ont pas vu le danger.

❏ Ils trahissent leur seigneur.

La bataille

1 Quelles sont les étapes successives de la bataille ?

2 Des lignes 238 à 287 (chap. 5, p. 63-64), relevez les différentes armes utilisées par les combattants.

Le rôle de Martin

3 Pourquoi le rôle de Martin a-t-il été décisif ?

4 De quelles qualités fait-il preuve avant la bataille ?

Le rôle de Guilhem

5 Où se trouve Guilhem pendant la bataille ? Comment se comporte-t-il ?

6 Quelles sont ses qualités ?

Des deux côtés des murailles

Avez-vous bien lu ?

Pourquoi Guilhem envoie-t-il chercher Martin ?

❏ Pour le punir de son audace.
❏ Pour le remercier de son aide.
❏ Pour lui demander des explications.

À la campagne

1 Observez la construction des phrases des lignes 20 à 23 (chap. 6, p. 67). Que remarquez-vous ? Quel est l'effet recherché ? Dans les lignes qui suivent, cherchez un autre procédé qui traduit la même impression.

2 Quelles sont les conséquences de la guerre pour les paysans ?

Au château

3 Relevez les expressions qui évoquent un retour au calme. Qu'apporte cette victoire à Guilhem ?

4 Sur quoi les ennemis de Guilhem avaient-ils misé pour vaincre ?

5 Guilhem a-t-il de l'autorité sur son fauconnier ? Qu'en concluez-vous ?

Une liberté encore incertaine

Avez-vous bien lu ?

La mère de Martin...

- ❏ est sûre d'obtenir le pardon du seigneur ?
- ❏ ne sait pas quoi faire ?
- ❏ n'a pas confiance en Guilhem ?

Que de malentendus !

1 Que comprend la mère de Martin lorsqu'elle voit les gardes ? Pourquoi est-ce un malentendu ?

2 Comment frère Vincent interprète-t-il la présence de Martin au monastère ?

Dans la peau d'un fugitif

3 Quelles précautions Martin et sa mère sont-ils obligés de prendre pour se rencontrer et se parler ?

4 En quoi le frère Vincent apporte-t-il un peu de réconfort à Martin ? Quels sont ses traits de caractère ?

Incorrigible Martin

5 Au chapitre 8, où s'arrête Martin en sortant de la forêt ? Relevez une phrase qui montre la fidélité de Martin à son faucon.

6 À quoi Martin avait-il pensé, au chapitre 6, pour retrouver son faucon ?

Du texte à l'image

Observez le dessin → voir dossier images p. II

Château du XIIIe siècle.

1. Repérez sur le dessin les lieux évoqués dans le roman pendant l'attaque du château et citez-les.
2. Où Martin était-il prisonnier ? Où donne-t-il l'alerte ? Où retrouve-t-il ses parents pendant l'attaque ?
3. Pourquoi ce château est-il un lieu sûr pour les paysans ?

Observez l'enluminure → voir dossier images p. III

Les Trois Ordres, enluminure, XIIIe siècle.

1. Décrivez les personnages : vêtements, attitudes. Que symbolise chacun des personnages ?
2. Dans le roman, par qui les trois classes sont-elles représentées ?
3. À quoi voit-on qu'il s'agit d'une enluminure ?

À vous de jouer

Légendez une image

Décalquez la reproduction du château fort (dossier images, p. II). En vous appuyant sur le chapitre 5, ajoutez les légendes suivantes : *douves*, *tour*, *pont-levis*, *herse*, *chemin de garde*, *créneaux*, *murailles*, *mâchicoulis*, *meurtrières*, *donjon*.

10. Gayette

Ils sont venus avec leurs épouses, tous les barons qui étaient à la chasse quand le château fut attaqué. Ils ont félicité Guilhem et loué sa vaillance juvénile[1]. Dame Gayette les laissa dans la salle d'hôtes où les cruches de vin passaient de main en main pour étancher des soifs inépuisables. Elle descendit au jardin qu'un vrai miracle avait gardé presque intact.

L'assaut de l'ennemi n'avait pas porté ici ses coups. Fleurs et légumes de la fin de l'été s'y mêlaient, protégés du vent par un dernier rempart. Gayette n'avait d'autre but que la promenade. Elle regarda distraitement les choux d'hiver dont le cœur commençait à s'arrondir, les raves[2] qu'on arracherait bientôt et qu'on conserverait enfouies dans le sable.

Le soleil était encore très doux pour la saison. Une abeille risquait pourtant de mourir de froid pour butiner les corolles meurtries. Il avait plu dans la nuit, toutes les odeurs des haies mouillées emplissaient l'air. Sur les feuilles, de petits escargots laissaient des traces brillantes.

Gayette s'arrêtait quand sa robe s'accrochait aux branches des arbres fruitiers. Elle dégageait l'étoffe d'un petit geste sec et reprenait sa promenade en se mordant la lèvre comme pour réprimer une envie de sourire.

Elle arriva ainsi sous un figuier. Il y avait là un banc d'où l'on pouvait voir tout le pays. La châtelaine resta un long moment à contempler la campagne. Une chanson de toile lui revint en tête et elle la fredonna :

1. De jeune homme.
2. Racines comestibles.

La brise souffle, la ramée[1] se balance:
doux sommeil à ceux qui s'entr'aiment…

Et elle souriait, la belle Gayette, car elle était heureuse. N'était-elle pas aimée d'un des plus gentils seigneurs du Languedoc?

Ce pas qui s'approchait était peut-être celui de Guilhem. Elle ne se retourna pas tout de suite par crainte d'être déçue. Elle feignit[2] de regarder le paysage qu'elle avait sous les yeux, mais elle ne voyait plus rien. Ni son château de Souilhe sur la colline voisine, ni les nuages au-dessus des bois. Tout son cœur écoutait le sol de l'allée qui crissait d'une façon qu'à présent elle reconnaissait.

Elle ne se retournait point. Encore un moment, encore… Quand elle s'y résolut, Guilhem était auprès d'elle.

– Oh! comme vous m'avez fait peur!

– Pardonnez-moi! Je crains toujours que vous ne vous ennuyiez quand je vous vois ainsi, songeuse en un jardin.

Gayette se mit à rire.

– À quoi, à qui croyez-vous donc que je songe?

Emporté par un mouvement d'amour, Guilhem mit un genou en terre.

– Acceptez, ma dame, un gage de ma foi. Dites, je vous en prie, que vous acceptez!

– Relevez-vous, messire, puisque j'accepte.

Le jeune seigneur fit un signe. Un valet, qui jusque-là s'était tenu caché dans le verger, s'approcha. Il portait sur le poing un oiseau de proie.

Chanson de toile

Au Moyen Âge, les dames de la noblesse chantaient pour accompagner leurs travaux de tissage et de couture. Ces chansons « de toile », composées en vers de huit ou dix syllabes, mettaient très souvent en scène les amours d'une jeune femme.

1. Les branches.
2. Fit semblant.

C'était un hobereau dont la tête était recouverte d'un capuchon de cuir blanc empanaché[3] de plumes multicolores. À sa patte brillait une bague d'or, ornée d'un grelot.

– Qu'il est magnifique, messire, et que vous êtes bon !

Gayette lissa du bout du doigt l'endroit, sur le col, où finissait le capuchon. Le rapace frémit. Il décroisa les ailes, prêt à l'envol, mais un sifflement très doux de Guilhem le retint.

– C'est un branchier[4] nouvellement dressé. Le fauconnier qui s'est chargé de son affaitage[5] assure qu'il n'aura pas son pareil.

Gayette partageait avec son noble adorateur la passion de la chasse au vol. Plus encore qu'une agrafe d'or ou qu'une étoffe de lin, un oiseau, offert en gage d'amour, la remplissait de joie.

– Ne vous jouez pas de mon impatience, messire. Quand allons-nous l'essayer ?

– Demain ! Pour célébrer notre victoire, nous chasserons au vol. J'ai envoyé des messagers dans tous les châteaux du voisinage.

Martin était exact au rendez-vous que lui avait fixé sa mère. De nouveau une course à la nuit tombée. Combien y en aurait-il encore ? La vie des proscrits[6] est ainsi faite de longues marches clandestines, d'interminables heures dans des cachettes.

L'enfant attendait au creux des lilas que sa mère trouvât l'obscurité assez épaisse pour le rejoindre.

L'amour courtois

Guilhem fait preuve de dévouement envers sa dame. Il a en effet écouté les poèmes des troubadours chantant l'amour courtois, appelé aussi la *fin'amor* : un amant doit prouver son amour par des gages de soumission, de loyauté et de fidélité.

3. Orné.
4. Jeune faucon qui ne peut voler que de branche en branche.
5. Dressage.
6. Fugitifs.

« Les voisins sont dans leur clos[1], elle ne viendra pas tant qu'ils ne seront pas rentrés. Je la connais, elle a toujours peur ! Elle se méfie de tout ! »

D'abord, il n'y eut qu'un bêlement d'agneau et celui, plus grave, de la brebis qui rappelait son petit. Puis une dispute de poules ensommeillées pour une place sur un perchoir. Martin reconnaissait tous les bruits de ses soirs de liberté.

Puis – et là, il prêta l'oreille – quelques bribes d'une conversation entre voisins.

– Demain.

– Avec les oiseaux ?

– Bien sûr, puisque les dames y seront. Ce sera une grande chasse.

Martin apprit la nouvelle le cœur battant. Son faucon ferait sûrement partie de cette chasse ! Le fauconnier devait être si impatient de montrer son savoir-faire !

Demain !

– Toute la compagnie s'arrêtera à la Fount del Planet, continuait d'expliquer l'homme de l'autre côté de la haie.

Le reste de la conversation fut perdu pour Martin. Le couple était rentré chez lui. La mère, qui guettait ce moment, apparut. Elle serra très fort son enfant dans ses bras et, tout de suite, parce que le temps était précieux, elle dit, des larmes plein la voix :

– Je n'ai pas pu parler au seigneur, mon pauvre pitchou ! On ne m'a pas laissée passer le pont. On m'a dit de revenir, qu'il n'était pas là et la dame non plus. Oh ! je reviendrai, je leur ai dit. Je reviendrai jusqu'à

1. Jardin.

ce que je le voie ! Les gardes ont ri. Mais sois patient, ne t'inquiète pas. Le seigneur est bon. S'il m'avait vue, à ce moment-là, il m'aurait écoutée. J'en suis sûre. J'y retournerai. Je crierai, j'appellerai. Tu verras, je réussirai. Un jour prochain, peut-être…

Oui ! Oui ! Un jour prochain… Ce n'était plus à sa grâce que pensait Martin. Il n'écoutait plus ce qu'elle disait. Il répondait par des hochements de tête, des « oui ! oui ! » distraits. Il aurait voulu que ce fût déjà le lendemain.

Il écourta l'entrevue. La mère le laissa partir, soulagée au fond d'elle-même qu'il ne lui eût pas posé de question au sujet de la chasse. Sans doute n'en savait-il rien. Tant mieux ! Quelle chance qu'il soit au monastère ! Là-bas, il n'en entendrait pas parler.

Martin s'en retournait auprès de frère Vincent. La nuit était noire. Le vent, qui avait soufflé toute la journée, avec le soir s'était calmé. Il laissait un peu de répit aux branches et au chaume[2] des toits. Demain, il recommencerait.

Demain ! Martin, tout en marchant, ne pensait qu'à cela : demain, le seigneur chasserait au vol avec ses invités.

« Toute la compagnie s'arrêtera pour boire et manger dans le pré de la Fount del Planet avait dit le voisin à la voisine. Ce sera bien commode pour les dames, au bord du chemin. »

La Fount del Planet, c'était cette fontaine que le vieux seigneur, père du seigneur actuel, avait fait construire au pied du village pour que les pèlerins puissent s'y désal-

2. À la paille.

térer. Martin la connaissait bien. Souvent il en puisait l'eau dans le cuveau de bois. Il posait ensuite le cuveau au milieu du pré. Toutes les oies s'accroupissaient autour, broutant un brin d'herbe, buvant une gorgée d'eau et comme cela pendant des heures ! Il en profitait pour courir les bois.

C'était là que, le lendemain, son faucon, présenté sur un gant de cuir, serait admiré de toute la compagnie après avoir montré ses qualités de rapace.

Martin contourna le coteau qui portait le village et arriva au lieu qu'il voulait revoir. La fontaine était un puits recouvert d'un toit arrondi adossé à un tertre[1]. Deux grands peupliers la surmontaient. En été, un parterre d'orties faisait mériter l'eau au voyageur assoiffé. Que de brûlures il fallait endurer avant de pouvoir se désaltérer !

Martin s'assit sur le rebord de pierre. Dans ce pré où rien ne bougeait que les souffles habituels de la nuit, il imagina l'animation du lendemain. Il vit les grandes nappes de toile blanche étalées sous les arbres pour permettre l'amoncellement des viandes, des coupes de fruits, des gobelets et des aiguières[2]. Il recréa les pages allant d'un invité à l'autre et offrant des mets auxquels lui, Martin, n'avait jamais goûté. Les belles dames riraient en s'asseyant dans l'herbe. Les seigneurs leur feraient admirer le gibier qu'on aurait tué dans la matinée et qu'on alignerait sur le chemin. Le fauconnier, s'il était rétabli, s'occuperait des oiseaux.

Que ferait-on du hobereau ? Tout le monde l'admirerait, bien sûr. Il était si beau !

1. Talus.
2. Carafes.

Et après?

S'il était là, Martin, au bon moment? S'il n'y avait plus de murailles à franchir, de portes à forcer, de pont-levis, de herse? Rien que quelques valets fatigués par la chasse, quelques pages écervelés, un fauconnier mal guéri de sa blessure?

Martin, assis sur la margelle[3], retenait son souffle.

Les chiens! On lancerait peut-être les chiens à ses trousses. Alors il serait perdu…

Que ferait-il s'il échappait à tous ces dangers? Où irait-il?…

L'œil jaune de l'oiseau, ses culottes rousses, son plumage si doux sur le col!…

Sa façon de planer au-dessus de Martin courant sur le sentier!…

Est-ce que tout cela serait encore possible… ailleurs?…

Le garçon se leva. Brusquement. Sans réfléchir davantage. Il n'avait pas besoin d'étudier le terrain. Il le connaissait. Il savait que là où poussaient les orties, il y avait un creux. Derrière la fontaine. Le toit qui lui donnait de l'ombre, l'eau tombée du cuveau à chaque puisage, y entretenaient une bonne fraîcheur…

Quelquefois il y avait un serpent…

Mais seulement en été…

De ce creux, entre les troncs des peupliers, on pouvait voir tout ce qui se passait dans le pré. Et du pré on ne voyait pas le creux derrière la fontaine.

Martin sauta le fossé. Tournant le dos au monastère, il prit la direction des bois.

3. Le rebord.

11. La chasse

Lentement, dans un bruit de chaînes grinçantes, le pont-levis fut abaissé. Les invités, au fur et à mesure de leur arrivée, pénétrèrent dans la première cour d'enceinte où il y eut bientôt une grande animation. Des cris de joie saluaient chaque nouvel arrivant. La rude jovialité[1] de ces cavaliers se donnait libre cours en des rires sonores qu'accompagnaient des bourrades à renverser un paladin[2]. Les dames, bien droites sur leurs haquenées, se montraient plus réservées mais, heureuses de se retrouver après les longs jours d'isolement dans leurs châteaux, elles babillaient tout en jugeant la toilette de leurs voisines. Dames et seigneurs, très souvent, suspendaient les conversations pour interroger le ciel où le vent d'autan[3] faisait rage.

– Les oiseaux voleront bas, aujourd'hui. Trop de vent !

– Il ne durera pas. Ce n'est qu'un vent de nuit.

– Vous voilà bien optimiste !

– Nous avons toujours eu de belles chasses à Soupex.

Les aboiements des chiens se mêlaient aux appels des valets, aux hennissements des chevaux. De cette foule aux mouvements désordonnés, un cortège naquit quand apparut Guilhem. Des vivats[4] retentirent, des étoffes s'agitèrent. La troupe se mit en marche et sortit du château.

Les lévriers couplés, tirant sur la laisse de toutes leurs forces impatientes, entraînaient les valets qui essayaient de les retenir. Les rabatteurs[5] allaient à pied. Puis venait le fauconnier, le visage crispé par un reste de

Les chevaux

Le cheval est un animal réservé à la noblesse. Les chevaux des dames sont les **haquenées**, petits chevaux peu rapides. Pour les chevaliers, il existe différents types de monture : le **destrier**, cheval grand et puissant, spécialement entraîné pour la guerre ; le **palefroi**, destiné à la parade et à la chasse ; le **roussin**, pour les longs voyages.

1. Bonne humeur.
2. Chevalier errant.
3. Vent du sud-est assez violent.
4. Bravos.
5. Hommes chargés de rabattre le gibier vers les chasseurs.

souffrance qu'il tentait d'oublier. Un autour[6] pesait sur son gant. Enfin, messire Guilhem et dame Gayette sur des chevaux noirs, et tous les invités de la chasse.

Le vent soulevait le mantel[7] de velours vert de Gayette, retenu sur la poitrine par un fermail[8] d'argent.

Sur le poing était posé le hobereau et la dame le regardait en riant des yeux.

Le cortège traversa le village entre deux haies de manants respectueusement curieux.

Guilhem répondait aux acclamations par des sourires et des hochements de tête. Il se sentait heureux. L'assaut repoussé, cette chasse qu'il offrait à tous les seigneurs du voisinage, prouvait bien que, malgré sa jeunesse, il avait une place à tenir et qu'il saurait faire face. Et puis voir Gayette si belle au milieu de toutes les autres femmes le rendait éperdument amoureux.

– Ce faucon ne fatigue-t-il point votre bras ? demanda-t-il en se penchant tendrement.

– Point du tout. Il est si beau que je veux l'avoir tout à moi !

– Je suis content qu'il vous plaise.

Dans un élan de joie, Guilhem éperonna son cheval. Dame Gayette, aussitôt, enleva[9] le sien. Ce fut une belle course qui ne prit fin que dans la plaine, là où le ruisseau coulait sous un fouillis d'herbes aquatiques.

– Nous manquons à la moindre courtoisie, fit Gayette en riant. Voilà vos invités distancés.

– Distançons-les encore, voulez-vous ? Je ne suis pas sûr d'arriver le premier au bout de ce pré.

– Je n'en suis pas sûre non plus.

6. Rapace proche de l'épervier.
7. Cape de femme en tissu léger, à capuchon.
8. Une broche.
9. Fit partir.

Elle reprit sa course dans un tourbillon de velours et de lin. La terre dure résonnait sous les sabots du cheval. Ce martèlement répété faisait bondir le cœur. Guilhem le ressentit et piqua des étriers[1]. Les invités furent encore plus oubliés.

Au bout du pré, la jeune femme cabra sa bête. Elle tenait haut levé son poing qui portait le hobereau.

– Pari gagné, beau sire. Hâtons-nous maintenant de commencer la chasse.

Les rabatteurs, pendant ce temps, fouillaient le marais dont ils frappaient les herbes avec des bâtons pour lever le gibier.

Un héron sortit des roseaux, ivre de peur, sentant déjà instinctivement qu'il était perdu. Très vite pourtant, après le fracas de ses ailes déployées, il mit en œuvre toute sa science de grand navigateur pour échapper à l'ennemi. Les pattes allongées sous la queue, le cou replié en arrière, il s'éloignait. Bientôt il aurait disparu.

Les cavaliers se regroupèrent en un minimum de temps. Les conversations prirent fin. Ceux qui n'osaient pas se lancer dans une chevauchée gagnèrent un point d'observation d'où ils pourraient voir le plus loin possible. Les autres s'éparpillèrent pour mieux se préparer au train d'enfer qui allait suivre.

Guilhem lança son gerfaut de toute la force de son bras puissant.

– À la vol[2] ! À la vol !

Les cavaliers n'avaient attendu que ce geste et le cri qui le suivait.

– À la vol ! À la vol !

1. Lança son cheval.
2. Envole-toi !

Ils se jetèrent au grand galop tandis que les chiens étaient lâchés et que l'oiseau s'élevait dans le ciel, repérait sa proie et partait à sa poursuite.

Le héron continuait sa route, comptant encore sur la vigueur de ses grandes ailes. La peur du début avait fait place à une détermination sans faille. Il utilisait le vent sur lequel il s'appuyait de toute son envergure. Les chiens jappaient, la gueule tournée vers le ciel. Les cavaliers suivaient eux aussi le vol des deux oiseaux, à bride abattue[3], par-dessus les fossés, à travers les fondrières[4]. Malheur à celui qui oubliait de surveiller le terrain. La chevauchée s'achevait pour lui en une chute dangereuse.

Là-haut, le vent décuplait la vitesse des deux oiseaux. Le gerfaut prit de la hauteur et, dans un ultime coup d'ailes, il survola sa proie. Une première tentative de piqué fut sans résultat. Le héron, d'un coup de bec, repoussa l'assaillant. Celui-ci s'éleva de nouveau pour mieux calculer sa prise et fondit avec plus de rapidité.

Alors il y eut le choc, un entremêlement d'ailes, une lutte désespérée, des plumes que le vent d'autan emporta, une chute rapide. Les lévriers achevèrent ce combat inégal quand victime et meurtrier touchèrent le sol.

Les cavaliers convergèrent[5] vers le lieu où se déroulait la mêlée. Messire Guilhem arriva le premier. Son cheval n'était pas encore arrêté que, sautant à terre, il s'était jeté au milieu des chiens. D'un coup de poignard, il ouvrit le corps haletant du héron et en tira le cœur qu'il offrit au gerfaut.

– La chasse continue ! s'écria-t-il joyeusement.

La chasse au vol

Lors d'une partie de chasse, on lève le gibier : les chiens et les rabatteurs font sortir les animaux des buissons. Ensuite, le faucon, porté sur le poing, est décapuchonné. On le lance puis on le hue : on l'excite du geste et de la voix. Quand l'oiseau s'est emparé de la proie, on le récompense.

3. À toute allure.
4. Fossés.
5. Se dirigèrent tous.

Les chevaux renâclaient[1], couverts d'une sueur qui assombrissait leur robe. Les chiens tiraient la langue et tressaillaient de fatigue et d'énervement. Guilhem, au comble de l'excitation, s'approcha du cheval de Gayette.

– N'est-il point temps d'essayer ce hobereau, ma dame ?

– Ne voulez-vous pas les laisser souffler un moment ?

– Qui donc est fatigué, ici ? s'étonna Guilhem, de nouveau en selle.

Ils quittèrent le marais. Le vent avait suivi les prévisions du chasseur optimiste, il avait modéré sa violence. Le ciel, nettoyé de tous ses nuages, était très clair. Guilhem se retourna pour embrasser son fief d'un regard de possesseur.

En chemin, on lança les autours sur des lièvres. Ceux-ci gagnaient les bois, croyant y trouver un abri, mais les oiseaux se laissaient tomber sur eux et, d'une seule prise, leur brisaient la nuque. Le tableau de chasse[2] augmenta encore de quelques lapins puis on monta à flanc de coteau jusqu'à la bordure des vignes où le gibier se terrait, pris entre l'instinct qui lui commandait de rester au sol et l'irrésistible envie de fuir à tire-d'aile.

Guilhem rangea sa monture près de celle de dame Gayette.

– Accordez-moi, je vous prie, l'honneur d'être le servant de votre chasse.

– Bien volontiers, mon doux seigneur, si quelque perdrix veut bien se lever.

Les chiens, une fois de plus, furent mis à contribution. À chaque proie, leurs forces semblaient renaître,

1. Reniflaient fortement.
2. L'ensemble du gibier abattu.

tant l'ardeur de la chasse les animait. Quand ils se coulèrent entre les ceps[3], ce fut un envol général.

Guilhem se pencha sur sa selle pour retirer le capuchon du hobereau. Gayette, d'un geste gracieux, lança l'oiseau. Des cris jaillirent autour d'elle, destinés à exciter le rapace. Cette fois, il n'y aurait pas la belle chevauchée de la chasse au héron. La dernière perdrix partit à ras du sol. Le faucon, très haut dans le ciel, choisit le moment et plongea.

Les chevaux s'enlevèrent mais Gayette retint le sien. Puisque Guilhem s'était proposé pour son service, c'était lui qui devait récupérer le faucon et rapporter la proie en hommage[4].

Elle resta seule, bien droite sur son cheval frémissant d'envie de désobéir, et elle regarda la lande en contrebas jusqu'au moment où les deux petites taches noires ne firent plus qu'une et s'abattirent.

À leur point de chute, un enfant se précipita.

12. La perdrix

INCAPABLE D'ATTENDRE DANS LE TROU de la fontaine du Planet, Martin avait suivi la chasse depuis le matin. Utilisant les plis du terrain, les haies et les boqueteaux[5], il n'avait pas quitté des yeux le mantel de velours vert de Gayette sur la croupe du cheval noir, et surtout l'oiseau posé sur le gant de la dame et qui était son oiseau, à lui.

Soudain, il avait vu la perdrix s'envoler, le rapace gagner du terrain, se rapprocher régulièrement de la fugitive, la survoler, tomber ! Alors, sans réfléchir aux

3. Pieds de vigne.
4. Pour prouver son dévouement et son amour.
5. Petits bosquets.

conséquences de son acte, il avait bondi hors de l'abri des vignes et s'était jeté sur les deux oiseaux.

– Tout doux ! Mon beau ! Tout doux ! Tout doux !

Mais les mots des jours d'amitié n'avaient plus le même son. Ce n'étaient plus les appels heureux dans les crépuscules de l'été, ceux qui mettaient un terme aux longues courses sous les arbres. Ils étaient dits dans l'épouvante comme un cri désespéré. Celui auquel ils s'adressaient ne les comprit pas. Il ne pouvait plus les comprendre. Resserrant sa prise, le rapace fit son métier de tueur aussi bien, aussi sûrement qu'on le lui avait appris.

– Là ! Là ! sanglota l'enfant. Laisse ! Laisse !

Il n'entendait pas le galop des chevaux qui allaient le piétiner, il ne sentait pas sur ses mains les déchirures profondes que les serres du faucon ouvraient. Il défendait follement un petit sac de plumes très douces, à la tête dodelinante, déjà inerte.

Le hobereau, étonné de cette lutte à laquelle l'affaitage ne l'avait pas préparé, s'éleva lentement pour répondre au sifflement contenu du fauconnier qui lui tendait une lanière de viande.

Martin resta au milieu du sillon, secoué de sanglots, la perdrix encore chaude pressée contre sa poitrine.

– Qui es-tu ? gronda un chasseur en cabrant son cheval.

Il ne répondit pas. Que pouvait-il répondre ? Il n'était qu'un serf qui contrecarrait[1] la chasse de son seigneur. Il continua de pleurer en regardant les ailes brunes aux reflets bleutés de la perdrix.

1. Gênait.

Les cavaliers l'entourèrent, les uns riant, les autres protestant. Les chevaux piaffaient, les chiens jappaient. Lui, au milieu de ce vacarme, attendait la punition qu'on infligeait aux serfs indociles.

– Es-tu fou, manant, ou bien me braves-tu ? s'écria Guilhem.

Martin, cette fois, aurait voulu dire quelque chose. Mais que dire ? Il éleva à bout de bras le corps sanglant de la perdrix et, sans un mot, l'offrit à son maître.

Au même moment, Gayette arriva.

– Qu'y a-t-il ? demanda-t-elle. Que veut cet enfant ?

Le fauconnier s'avança. Avec une lenteur étudiée, il déposa le faucon sur le poing de la châtelaine.

– Il y a, très noble dame, que ce rustre ose disputer un oiseau à son seigneur.

– Que dites-vous là ? fit Guilhem.

Gayette connaissait le caractère impétueux de celui-ci.

– Comment t'appelles-tu, enfant ? demanda-t-elle pour couper la parole au baron et lui laisser le temps de se ressaisir.

– Martin.

– Comment dis-tu ? reprit Guilhem, sur ce ton direct qui était le sien.

– Martin, messire.

– Le fils de Brichot le bûcheron ?

– Oui, messire.

– Serait-ce toi qui as sonné la cloche quand l'ennemi arrivait ?

L'enfant hésita sur la réponse à faire. De cette réponse pouvait sortir tout le bien ou tout le mal. Il vit que le fauconnier s'éloignait un peu, absorbé dans la surveillance de ses oiseaux.

– Ne peux-tu répondre quand ton seigneur t'interroge ?

– Oui, messire. C'est moi !

Un sourire passa sur le visage de Guilhem.

– Ah ! Te voilà, enfin ! Sais-tu qu'il y a huit jours que je te fais chercher, méchant drôle ? Où étais-tu donc ?

Il n'attendit pas la réponse. Se tournant vers les invités de la chasse, il s'exclama :

– La chose est plaisante, ne trouvez-vous pas ? Mes vilains n'ont pas encore de poil au menton qu'ils sauvent mon château et me disputent mon gibier ! Allons, petit, n'aie pas peur. Je te faisais chercher pour te récompenser. Nous te devons bien cela, tous autant que nous sommes. Que désires-tu ? Je te le donne déjà.

Martin tremblait comme une feuille. La juvénile gaieté de Guilhem Arnal l'épouvantait plus que sa colère. Elle le prenait au dépourvu.

Ainsi donc, c'était pour le récompenser que le seigneur l'avait appelé, que les gardes étaient venus le chercher ! La grande peur de la mère, les fuites de nuit dans les bois, les longs jours cloîtré dans le monastère, tout cela, c'était pour rien !...

– Eh bien, que veux-tu ? Cette perdrix pour ta marmite, un sac de blé, six pains ? Tu n'as qu'à demander. Je prends ici la compagnie à témoin : je t'accorderai ce que tu voudras.

Martin, du revers de sa main marquée de sang, essuya ses larmes.

– Ce que je voudrais, messire ?

– Ton insistance m'offense ! Douterais-tu de la parole de ton seigneur ?

Une résolution brilla dans les yeux de l'enfant.

– Messire, c'est lui que je veux.

De son doigt tendu, il montrait le hobereau posé sur le poing de Gayette.

Les nobles cavaliers rirent à gorge déployée. Jamais ils n'avaient vu une audace aussi drôle : un serf – et d'une douzaine d'années encore – qui réclamait un oiseau de proie ! Guilhem cacha sa surprise. Il fronça les sourcils, ne répondit pas aussi vite qu'il aurait dû mais dit enfin :

– Voilà bien que tu m'embarrasses ! Je ne trahirais pas ma promesse, cet oiseau serait à toi s'il m'appartenait. Mais… il ne m'appartient pas. Choisis-en un autre dans ma fauconnerie.

– Non, messire, c'était celui-ci que je voulais.

– Le voici, fit Gayette. Ce faucon m'appartient et la parole de ton seigneur est aussi la mienne. Nous te devons beaucoup. Sans toi, nous ne chasserions pas, peut-être, à cette heure. Tiens ! prends-le. Il est à toi.

Les rires se turent. Elle abaissa son poing de telle sorte que le faucon encapuchonné fut au niveau du visage de Martin. L'enfant hésita, regarda la châtelaine qui lui souriait, inclinée vers lui, puis il approcha la main. Au moment de saisir l'oiseau, il la retira précipitamment.

– Je remercie Leurs Seigneuries, fit-il. Mille fois. Je les remercie mille fois !

– Ne remercie pas, répliqua Guilhem. Tu es le diable en personne !

Le jeune homme se tourna vers le fauconnier qui, prudemment, se tenait en arrière.

– Fauconnier ! appela-t-il. C'est un peu à vous, aussi, que nous devons d'avoir entendu la cloche d'alarme. N'est-ce pas vous qui avez mis ce maraud en position de guet ?

– Seigneur, tenta d'expliquer le fauconnier en s'approchant, croyez bien que...

– Je sais ! Je sais !... Mais donnez-lui donc votre gant. Ses mains ne sont déjà que trop blessées.

Le fauconnier pâlit sous l'emprise d'une colère qu'il n'osait laisser éclater. Il ne put se résoudre à tendre le gant. L'arrachant vivement de sa main, il le jeta dans l'herbe aux pieds de Martin. Puis, risquant tout après une telle offense, il piqua des étriers et s'éloigna au grand galop.

Dans les yeux de Guilhem, une petite flamme malicieuse brillait.

L'enfant ramassa le gant et en revêtit son poing. Autour de lui, les cavaliers se remirent à rire mais sur un autre ton. Ils s'amusèrent de son air buté, de cette gravité de son visage aussi. Comment pouvaient-ils se douter qu'en Martin il n'y avait en ce moment aucune joie et que ce n'était plus un ami que l'enfant retrouvait ?

– Voici ton bien, dit Gayette en tendant l'oiseau. Il est à toi. Tu l'as bien mérité. Je te le donne et te remercie.

Guilhem Arnal, déjà, s'impatientait.

– Est-ce que la chasse va s'arrêter là ? s'écria-t-il en tournant bride. Nous avons encore trois éperviers à lancer !

Déjà, il brûlait du désir de repartir. Son grand cheval noir dansait sur place dans les sillons, pendant que les invités, à leur tour, faisaient volte-face.

– Un hobereau si magnifique ! murmura à son voisin une vieille barbe[1] qui s'essoufflait à suivre la chasse.

– Mon cher Eudes, répondit son compagnon, vous connaissez les Soupex : ils n'ont qu'une parole.

– Tout de même ! Un serf !

– Eh oui ! Même avec les serfs ! Mais vous avez raison, c'est pure folie !

Martin les regarda s'éloigner. Son poing tremblait tellement que le hobereau décroisa les ailes et, doucement, accentua sur le gant la crispation des serres.

13. Le grelot

MARTIN N'ÔTA PAS LE CAPUCHON à l'oiseau. Le gant haut levé, le corps raidi, il marcha dans les labours et sur les prés. Tout droit, vers une destination connue de lui seul.

La bête ne cherchait pas à fuir. On lui avait appris à ne pas quitter le poing après la chasse. Elle avait oublié qu'il existait des bois grouillants de souris et d'oiseaux, un ciel où voler pour la seule joie d'être libre, un ruisseau pour se désaltérer.

Elle ne connaissait plus que la nourriture servilement[2] acceptée et le combat à gagner chaque fois que s'élevait le capuchon au-dessus de sa tête.

1. Un seigneur âgé.
2. Docilement.

Martin n'avait pas besoin de regarder le faucon. Il savait qu'il ne le reconnaîtrait pas. L'ami était perdu. Pourquoi n'était-il pas mort dans quelque lacet[1] avant de devenir le tueur qu'il était maintenant ? Martin n'aurait pas à faire ce chemin qu'il avait entrepris.

Il trouva le marais tout bruissant de roseaux. Les arbres, autour, n'avaient plus une feuille. Des masses de verdure de l'été ne restaient que de longues branches noires maltraitées par l'autan.

De l'autre côté de l'eau, la masure[2] émergeait des herbes flétries. Elle avait toujours son air paisible de ruine que personne n'approche. Son air trompeur, puisqu'elle n'avait pas su garder le secret à l'intérieur de ses murs croulants.

Martin y arriva. Il n'inspecta pas de tous côtés, il n'écouta pas le vent, il ne ressentit pas cette émotion qui l'étreignait, autrefois, quand il craignait d'être découvert. Il était calme. Plus rien à cacher. Il pouvait faire craquer les branches mortes, les roseaux qui encombraient son chemin. Il n'avait rien à redouter. Rien ! Personne !

Pourtant, comme il avait le cœur serré ! Si serré qu'il respirait avec peine.

Il escalada le mur, chercha dans l'herbe la cage que le fauconnier avait abandonnée, la trouva. Un des barreaux était brisé, mais elle pouvait servir encore.

Il y introduisit le faucon posément, les sourcils froncés pour retenir des larmes qu'il ne voulait pas laisser couler. Le capuchon ôté venait de lui révéler un œil jaune, très

1. Piège.
2. Cabane.

clair, très brillant, au regard fixe, et qui restituait l'ami de l'été.

À genoux dans l'herbe, assis sur les talons, Martin resta un long moment à regarder le prisonnier.

« Tout, peut-être, serait encore possible, se disait-il. En le gardant longtemps en cage. Qui sait ? »

Mais une image revint à son esprit. Il vit la jeune perdrix affolée volant au ras des sillons et le rapace, sûr de toute la science apprise, fondre sur elle, lacérer son plumage. Il s'entendit crier les mots du temps de leur amitié et qu'il avait criés en vain. Surtout, ce qui lui faisait le plus mal, c'était cette obéissance servile au sifflement du fauconnier.

« Un tueur ! Tu n'es plus qu'un tueur. Maintenant tu ne sais rien faire d'autre. »

Martin plaça la cage dans le trou du mur, derrière les branches du sureau ; puis il quitta la ruine.

La tête basse, il s'en alla par les chemins. Qui l'aurait rencontré aurait pu lire sur son visage une dure détermination née au moment même où Guilhem Arnal lui avait offert de combler une de ses volontés.

Mais il ne croisa qu'un serf qui se garda bien de le dévisager. Celui-là aussi avait suivi la chasse, dans le vain espoir de trouver un lièvre oublié, une perdrix blessée. L'homme se coula derrière un bouquet d'arbres, comme un malfaiteur, farouche, déterminé à manger enfin.

Martin connaissait tous les fruits des haies, ceux qui rendent les heures moins longues aux petits bergers et les autres, les vénéneux, les redoutables. Il fit, de ces derniers, une cueillette mortelle qu'il garda au creux de la main jusqu'au village.

Il ne rentra pas chez son père. Trop de curieux l'y attendaient auxquels il n'avait pas envie de répondre. Plus tard, quand tout serait fini.

« Oui. Plus tard ! »

Une vieille femme habitait seule une chaumière isolée. On la disait sorcière parce qu'elle était laide. Sa maison avait été épargnée par la guerre et on prétendait que c'était grâce à des incantations[1] murmurées au clair de lune. Cela n'avait rien de rassurant mais, comme elle vivait très retirée, elle ne poserait pas de question. Était-elle seulement au courant de ce qui était arrivé à Martin ? Voilà pourquoi il la choisit, malgré la crainte que lui inspiraient les racontars dont elle était l'objet.

Il pénétra dans le taudis en tremblant. La vieille, qui se chauffait, ne se dérangea pas.

– Qui es-tu ? cria-t-elle.

– Le fils de Brichot, le bûcheron.

– Parle plus fort !

– Le fils du bûcheron !

– Connais pas.

Du bout d'une branche, elle se mit à taper les tisons[2] d'où jaillirent des étincelles. Une flamme, réveillée par ce traitement intempestif[3], sortit de dessous les bûches. Le visage de la sorcière prit une teinte rouge cependant que son ombre dansait sur le mur.

Martin eut envie de s'enfuir à toutes jambes. Comment d'ailleurs expliquer à une vieille sourde qu'il lui fallait

1. Formules magiques.
2. Braises.
3. Inattendu.

cette chose si précieuse, si introuvable : un morceau de viande ?

– Je ne t'entends pas !

– Un peu de viande !…

– Je ne l'ai pas vu.

C'était désespérant. Il allait hurler sa demande quand, soudain, il avisa une couenne accrochée aux solives.

– Je voudrais ça ! fit-il en la montrant du doigt.

La vieille pivota sur son escabeau. Redressée autant qu'elle le pouvait, elle considéra les poutres au-dessus de sa tête.

– Tiens ! dit-elle. Je ne savais pas que je l'avais. Ma vue baisse. Décroche-la. On la partagera.

Tandis qu'il grimpait sur la table, elle eut un rire qui montra sa mâchoire édentée.

– Elle ne date pas d'hier, tu sais. Elle fera quand même une bonne soupe !

En ces temps de disette[4] et de nourriture âprement disputée, elle donnait la moitié de son lard avec un éclat de rire. Elle était sûrement sorcière !…

Lorsqu'il eut sa part, Martin se sauva. La peur de la vieille, un moment, lui avait fait oublier son chagrin mais, quand il fut de nouveau seul au bord du marais, tout lui revint.

Il dut s'arrêter un instant, se cacher derrière un arbre. Le paysan continuait ses recherches, buisson après buisson, famélique[5], la fronde maintenant au poing, prêt à lancer une pierre sur le premier gibier aperçu. Martin le vit s'approcher de la ruine, battre les roseaux et jeter

4. Famine.
5. Affamé.

souvent des regards en arrière pour s'assurer qu'il n'était pas surpris.

Aucun oiseau ne se leva. Ils semblaient avoir tous disparu avec la chasse du seigneur Guilhem. Alors le malheureux contourna le marais, ignorant la présence du faucon.

Martin sortit de sa cachette. Dans l'herbe, il déposa les baies, les contempla longuement. Avec un bâtonnet, il racla la couenne pour émietter le lard. Puis, après avoir exprimé le jus des petits fruits sur la viande, il fit une boulette entre ses doigts tremblants et s'approcha de la cage.

Le faucon le regardait de son œil jaune. Déjà, il tendait le bec.

« Non ! Je ne peux pas ! »

Martin jeta l'appât loin de lui dans les buissons.

« Je ne veux pas ! »

Il saisit le faucon à deux mains pour emprisonner ses ailes. Le tenant serré contre sa poitrine, il détacha de la patte le grelot d'or et déposa un baiser sur le sommet du crâne.

– Voilà, j'ai enlevé cette marque à ta patte. C'est mieux ainsi, non ? Est-ce ta faute si tu n'es plus mon ami ? Mais tu le redeviendras peut-être. Tu te souviens quand j'avais peur que tu ne reviennes pas ? J'ai beaucoup plus peur maintenant mais je vais essayer. Je vais te libérer et tu reviendras. Dis, tu reviendras ?

Il ne put continuer tant sa peine était lourde. Il se leva, desserra son étreinte. Il vit deux ailes se déployer, monter un peu, hésiter comme pour chercher la proie sur laquelle on les lâchait et tomber soudain en verticale, perdant leurs plumes.

Sur l'oiseau foudroyé d'une pierre, le braconnier s'élança. Poussé par la faim, risquant le cachot pour une soupe, il avait mis à profit le désarroi de la bête[1] rendue à la liberté.

Martin étouffa un cri. Son cœur lui faisait si mal qu'il ne sentait pas la brûlure d'une longue estafilade[2] rouge sur son bras. Il se jeta à plat ventre au milieu du sentier et pleura jusqu'à l'épuisement de ses forces.

Au creux de sa main, le grelot d'or était tout ce qui lui restait de son aventure.

1. Il avait profité de la détresse du faucon.
2. Coupure.

Pause lecture 3

Chapitres 10 à 13

Un triste dénouement

Des personnages réunis

Avez-vous bien lu ?

Pourquoi le fauconnier s'éloigne-t-il ?

❏ Il est jaloux de Martin.

❏ Il est vexé et offensé.

❏ Il veut continuer la chasse.

Des regards croisés

1 Grâce à quoi Martin réussit-il à suivre facilement la chasse ?

2 Qui observe la chasse du hobereau ? Des lignes 151 à 166 (chap. 11) et 1 à 9 (chap. 12), p. 111-112, relevez les termes qui marquent la position du faucon par rapport au spectateur.

Tout s'explique

3 À quel moment tous les personnages du roman sont-ils réunis ? Montrez que le faucon est le lien qui les rassemble.

4 Quelle leçon Guilhem donne-t-il au fauconnier ?

5 Qu'exprime le visage de Guilhem après le départ du fauconnier ? Comment interprétez-vous cette attitude ?

La chasse, reflet de la société féodale

Avez-vous bien lu ?

Pour Guilhem, la chasse est-elle une occasion ?

❏ d'acheter l'amitié des barons.

❏ de les narguer.

❏ de célébrer sa victoire.

L'amour courtois

1 Quelles sont les deux marques de dévouement et d'amour de Guilhem envers Gayette ?

2 Sur quel ton Gayette s'adresse-t-elle à Martin ? Quelles qualités dévoile-t-elle en tenant la promesse de son mari ?

Un seigneur généreux

3 Où étaient les barons pendant la bataille ? Quelle est leur attitude à présent ? Qu'en concluez-vous ?

4 De quelle qualité Guilhem fait-il preuve en récompensant Martin ?

Le destin des serfs

5 En quoi l'asservissement du faucon rappelle-t-il celui des serfs ?

Une fin tragique

Avez-vous bien lu ?

Martin demande de la viande…

❏ pour l'offrir à sa mère ?
❏ pour la manger ?.
❏ pour la donner au faucon ?

Une amitié perdue à jamais

1 Relevez les termes qui marquent le contraste entre la cruauté du faucon et la fragilité de la perdrix. Au début du chapitre 13, comment le faucon est-il nommé ? Pourquoi ?

2 Que réalise Martin en tendant la boulette de viande au faucon ?

3 Que symbolise le grelot d'or à la patte du faucon ? Que décide de faire Martin ? Que signifie ce geste ?

L'espoir envolé

4 Au chapitre 13, relevez le champ lexical de la mort. Dans quel but est-il utilisé ?

5 L'histoire se déroule sur deux saisons. Lesquelles ? Pour chaque saison, cherchez les sentiments éprouvés par Martin. Que constatez-vous ?

6 Comment Martin se comporte-t-il face à Guilhem ? et chez la sorcière ? Quel changement repérez-vous dans son attitude par rapport au début du roman ?

Du texte à l'image

Observez l'image → voir dossier images p. IV

La Chasse au vol, enluminure, 1455.

1. À quoi voit-on que cette enluminure représente une chasse au vol ?
2. Quel est le rôle du personnage de gauche ?
3. Décrivez le groupe sur la droite. Dans le roman, qui prend part à cette activité ?

Observez la photographie → voir p. 136

Kes, film de Ken Loach, 1969.

1. Décrivez les deux personnages présents (habits, attitude, coiffure...). À quelle époque se déroule le film ?
2. À qui pourriez-vous comparer les deux personnages de la photo dans le roman ? Semblent-ils avoir les mêmes relations ?

À vous de jouer

Présentez une opinion

Auriez-vous aimé vivre au Moyen Âge ? Développez oralement des arguments pour justifier votre position.

Questions sur...

Le Faucon déniché

1. Les lieux et l'époque

1 Dans quelle région se passe le roman ?
Quelle langue y est parlée ?

2 À quelle époque se déroule *Le Faucon déniché* ?

2. La vie au Moyen Âge

3 Quelles sont les classes sociales évoquées dans le roman ?

4 Dans quelles conditions vivent Martin et sa famille ?

5 Quels sont les loisirs et les privilèges de Guilhem et de Gayette ?

3. L'intrigue

6 Pourquoi Martin est-il mis en prison ?
À quelle occasion réussit-il à s'évader ?

7 Quand et pourquoi Guilhem donne-t-il le faucon à Martin ?
Que décide Martin ? Pour quelle raison ?
Comment finit l'histoire pour le faucon ?

4. Les personnages

8 Montrez que le fauconnier représente un danger à la fois pour Martin et pour Guilhem.

9 Quels sont les traits de caractère de Martin ?
A-t-il changé entre le début et la fin de son aventure ? Pourquoi ?

10 La quête de Martin est-elle un succès ou se termine-t-elle par un échec ? Justifiez.

11 Pour quel personnage le roman se termine-t-il bien ?

12 Montrez qu'aucun des héros du livre n'échappe à son destin.

5. Qu'en pensez-vous ?

13 Avez-vous aimé ce roman ? Justifiez votre réponse.

Après la lecture

Genre

Un roman historique

Thème

Le Moyen Âge revisité

Genre

Un roman historique

◆ La naissance du roman historique

Un roman historique est un genre très particulier car c'est un **récit fictif**, inventé, mais qui prend pour cadre une **période** ou un **événement historique**, donc réel.

L'un des plus célèbres romans historiques s'intitule ***Ivanhoé*** et paraît en 1819 sous la plume de l'écossais **Walter Scott** (1771-1832). Le récit évoque les aventures d'Ivanhoé, compagnon de Richard Cœur-de-Lion dans l'Angleterre du XIIe siècle.

« Un récit inventé qui prend pour cadre une période réelle. »

En France, *Ivanhoé* connaît un vif succès et lance la mode des romans historiques. Jusqu'à nos jours, le Moyen Âge a inspiré de nombreux auteurs, comme Jean-Côme Noguès.

◆ Quelles sont les particularités du roman historique ?

L'auteur met en scène **des personnes qui ont réellement existé**. Mais n'oublions pas qu'il s'agit d'une fiction ! Les auteurs livrent leur vision des événements : **la personne devient personnage**. Par exemple, Guilhem de Arnal a réellement existé. C'était un des vassaux du seigneur Roger de Trencavel de la cité de Carcassonne. Jean-Côme Noguès a trouvé ce nom par hasard et a décidé d'en faire un personnage de roman.

D'autres auteurs ont choisi de faire apparaître des personnages historiques célèbres dans leurs romans, comme Alexandre Dumas.

Le souci de précision conduit les auteurs à faire de **longues recherches docu-**

mentaires afin de reconstituer un cadre historique précis. Dans *Le Faucon déniché*, Jean-Côme Noguès fait des emprunts au **vocabulaire médiéval**. Il faut que la reconstitution de la vie quotidienne au Moyen Âge paraisse **vraisemblable**.

◆ Pourquoi lire un roman historique ?

Le roman historique permet de vivre l'histoire comme si on y était. Le lecteur **apprend de manière ludique**, sans s'en rendre compte. Il découvre une période historique ou complète ses connaissances. Il comprend souvent qu'il avait beaucoup d'idées reçues sur une époque. Avec *Le Faucon déniché*, le lecteur suit les aventures de Martin, mais il s'informe aussi sur la fauconnerie, la société féodale et la condition des serfs au Moyen Âge.

« Moyen Âge ou XXIe siècle : le message est universel. »

Les auteurs de romans historiques proposent à leurs lecteurs contemporains un voyage dans le temps. La prise de distance par rapport aux événements racontés permet à la fois de **tisser des liens avec une époque lointaine et de comparer deux périodes.** Martin enfreint la loi en dénichant un faucon. On découvre ses motivations et ses difficultés dans la société féodale. Cependant, on s'interroge à travers les aventures du jeune garçon : que faire quand la loi est injuste ? Moyen Âge ou XXIe siècle : le message est universel. ■

Thème

Le Moyen Âge revisité

◆ Les « romans » médiévaux

Au Moyen Âge, le mot *roman* est employé pour tout récit écrit en **langue romane** et non en latin. Aux XIIe et XIIIe siècles, les **troubadours**, en langue d'oc, et les **trouvères**, en langue d'oïl, composent des **récits en vers.** La plupart de ces œuvres sont écrites pour être entendues. Les **jongleurs**, accompagnés de musiciens, les récitent et les miment.

> *« Une mise en scène de la noblesse féodale : chevaliers et dames. »*

Les romans courtois ou **romans de chevalerie** sont destinés à un public cultivé et mettent en scène la **noblesse féodale** : chevaliers et dames. Ils succèdent aux chansons de geste (du latin, *gesta*, « actions »), poèmes épiques qui évoquaient des événements historiques, comme les exploits militaires de Charlemagne dans la *Chanson de Roland*.

◆ Les grands thèmes de la littérature médiévale

■ **L'idéal chevaleresque** : le **chevalier** montre sa valeur **guerrière** et sa soumission aux règles de la chevalerie (courage, générosité, loyauté) lors de **combats codifiés.** Il a prêté **serment** à cet idéal lors de son **adoubement.**

■ **L'amour courtois ou *fin'amor*** : Tristan et Iseult, couple célèbre du Moyen Âge, sont unis par un amour éternel au nom duquel le chevalier doit passer des **épreuves.**

■ **Le merveilleux breton** : inspirés des **légendes celtiques** (Bretagne, Irlande et Grande-Bretagne), les romans évoquent le roi Arthur, Merlin l'Enchanteur, la fée Morgane et les animaux fabuleux (licorne, dragon).

■ **Le merveilleux chrétien** : Perceval, Lancelot, Galaad et les chevaliers de la Table Ronde recherchent le **Graal**, vase qui aurait recueilli le sang du Christ.

◆ Le Moyen Âge revisité au XIXᵉ siècle

Au XIXᵉ siècle, des écrivains redonnent de l'éclat à **la culture « romane »** et font revivre le Moyen Âge. Sous l'impulsion de Walter Scott, des romans historiques prenant pour cadre cette période apparaissent en France.

Cette époque lointaine favorise un certain **exotisme**, propice aux **intrigues** à rebondissements, et donne l'occasion de revisiter **l'histoire de France**. Dans *Notre-Dame de Paris*, Victor Hugo (1802-1885) invite ses lecteurs à découvrir le Paris du XVᵉ siècle : intrigues amoureuses sur fond de cape et d'épée, de ruelles dangereuses et mystérieuses, dans les coulisses de la cathédrale gothique...

◆ Le Moyen Âge aujourd'hui

De nombreux auteurs de littérature de jeunesse situent leurs romans au Moyen Âge. Certains évoquent des grandes figures de chevaliers, le roi **Arthur** et ses compagnons. D'autres **redonnent vie aux légendes celtiques** : Morgane et Merlin sont des personnages fascinants qui oscillent entre le Bien et le Mal. D'autres, enfin, ont choisi le Moyen Âge pour écrire un **roman policier**. Une abbaye sombre, des moines silencieux, un parchemin égaré : voilà un décor parfait pour un mystère à résoudre ! Le Moyen Âge est partout... ■

> *« Une époque propice aux intrigues à rebondissements. »*

Kes, film de Ken Loach, avec David Bradley et Colin Welland, 1969.

Autre lecture

Boccace

Le Faucon

Le Décaméron (5ᵉ journée, nouvelle IX)
Traduit de l'italien par Giovanni Clerico

1353

texte intégral

Une autre histoire de faucon
qui finit bien et mal à la fois...

Qui est Boccace ?

Boccace (1313-1375)

L'œuvre majeure de cet humaniste italien, *Le Décaméron* (du grec *déka*, « dix », et *éméra*, « jour »), est un recueil de cent nouvelles, racontées pendant dix jours par sept femmes et trois jeunes hommes qui fuient l'épidémie de peste de Florence en 1348. Boccace s'inspire de la mythologie gréco-romaine, des fabliaux du Moyen Âge et du folklore italien.

Le Faucon

Jacquet de Bourgeois Dominiques[1], homme qui vécut dans notre cité – mais peut-être y vit-il encore – et dont l'autorité de nos jours est grande et révérée[2], dut à ses mœurs et à ses qualités, bien plus qu'à la noblesse de son sang, d'être un illustre citoyen, digne d'une éternelle renommée. Chargé d'ans déjà, il aimait avec ses voisins ou d'autres personnes à deviser souvent des choses du temps passé : ce qu'il savait faire mieux que quiconque, tant son esprit était plus clair, plus vaste sa mémoire et plus fleurie[3] sa langue. Il avait accoutumé[4] de dire, entre autres beaux récits, qu'il y eut jadis à Florence un jeune homme appelé Frédéric, fils de messire Philippe Albérics, et qui, en fait d'armes[5] et de courtoisie, était prisé[6] par-dessus tous les damoiseaux de Toscane[7]. Ainsi qu'il advient de la plupart des gentilshommes, celui-ci s'enamoura[8] d'une gente femme appelée dame Jehanne, connue en son temps pour une des plus belles et des plus exquises qui fussent à Florence. Et pour gagner son cœur, il joutait[9], se produisait dans les tournois, donnait des fêtes et régalait[10], dissipant son bien sans regarder jamais à la dépense. Mais elle, qui n'était pas moins honnête que belle, ne se souciait pas plus de ces attentions que de celui qui les lui destinait.

Ainsi donc, dépensant bien au-delà de ses moyens et ne gagnant rien par ailleurs, Frédéric, comme il arrive fréquemment, vit fondre ses ressources et se retrouva pauvre, au point qu'il ne disposa plus que d'une toute petite métairie[11], dont les rentes lui permettaient de vivre très parcimonieusement[12] ; il lui restait en outre un faucon,

1. Homme qui appartenait à une grande famille de Florence.
2. Très respectée.
3. Habile, éloquente.
4. Il avait l'habitude.
5. En ce qui concerne les armes.
6. Apprécié.
7. Région de Florence, dans le nord-ouest de l'Italie.
8. Tomba amoureux.
9. Combattait à cheval dans les tournois.
10. Invitait à dîner.
11. Ferme.
12. Très pauvrement.

parmi les meilleurs du monde. Aussi, aimant plus que jamais et sentant qu'il ne pouvait plus vivre en ville ainsi qu'il l'eût souhaité, il s'en alla habiter à Champs[1], où il avait ce modeste domaine. Et là, oiselant[2] lorsqu'il le pouvait, sans rien demander à personne, avec patience il supportait sa pauvreté.

Or un jour, cependant que Frédéric en était réduit à cette extrémité, il advint que le mari de dame Jehanne tomba malade et que, voyant la mort venir, il fit son testament. Cet homme, qui était très riche, fit de son fils déjà grandelet[3], son héritier; en second rang, il nomma dame Jehanne, qu'il avait tant aimée, sa légataire[4], pour le cas où cet enfant viendrait à mourir sans héritier légitime, puis il mourut.

Devenue veuve, dame Jehanne s'en allait chaque été, selon l'usage chez les femmes de chez nous, à la campagne avec son enfant dans une propriété toute proche de celle de Frédéric. Ce voisinage amena le garçonnet à se familiariser avec Frédéric et à s'intéresser aux oiseaux et aux chiens; ayant vu maintes fois[5] voler le faucon de Frédéric et s'étant pris pour cet oiseau d'un engouement[6] peu ordinaire, il avait grand désir de le posséder et pourtant ne se hasardait pas de le demander, voyant combien son maître lui était attaché. Les choses en étaient là, lorsque le garçonnet tomba malade; bien douloureuse fut sa mère car elle n'avait que lui et le chérissait autant qu'on peut aimer; se tenant tout le jour auprès de lui, sans cesse à le réconforter, souvent elle lui demandait s'il avait envie de quelque chose, le suppliant de lui dire et l'assurant, dans la mesure où il serait possible de le satisfaire, qu'elle s'emploierait de son mieux à cela.

1. Village situé près de Florence.
2. Chassant avec son faucon.
3. Bientôt adulte.
4. Son héritière.
5. Souvent.
6. Intérêt.

L'adolescent, devant ces offres répétées, finit par dire : « Ma mère, si vous pouvez faire en sorte que j'aie le faucon de Frédéric, je crois que je guérirai vite. »

La dame, à ces mots, resta un moment interdite et se mit à songer à ce qu'elle devait faire. Elle savait que Frédéric l'avait longuement aimée, sans jamais obtenir d'elle un seul regard ; aussi se disait-elle : « Comment oserai-je envoyer quelqu'un ou comment puis-je moi-même demander ce faucon, le meilleur, à ce que j'entends dire, qui ait jamais volé ? et qui en plus lui assure de quoi subsister. Comment serai-je assez inconsciente pour priver un gentilhomme de la seule distraction qui lui soit restée ? » L'esprit embarrassé dans ces réflexions, et cependant certaine d'obtenir l'oiseau si elle le demandait, ne sachant que dire, elle ne répondait pas à son enfant et demeurait perplexe.

À la fin pourtant, elle céda si bien à l'amour de son fils que, pour le contenter, et quoi qu'il dût s'ensuivre[7], elle se décida, non pas à envoyer chercher le faucon, mais à se déplacer elle-même et à le lui rapporter.

« Prends courage, mon fils, lui répondit-elle, et songe de toutes tes forces à guérir, car la première chose que je ferai demain matin, je te promets, ce sera d'aller le chercher et de te le rapporter. » La promesse fit tant de plaisir à l'enfant qu'il parut, le jour même, se porter un peu mieux.

La dame, le lendemain matin, pria une autre dame de l'accompagner, et sous couleur[8] de se promener alla jusqu'à la maisonnette de Frédéric et le fit demander. Lui, qui depuis quelques jours n'allait pas oiseler, parce que le temps ne s'y prêtait plus, était là dans son pota-

7. Arriver.
8. Sous prétexte.

ger, où il faisait effectuer de menus travaux ; lorsque l'on vint lui dire que dame Jehanne était à sa porte et qu'elle le demandait, il s'en émerveilla grandement, et tout heureux il accourut.

Quand elle le vit qui arrivait, elle se porta à sa rencontre avec une souveraine affabilité[1], et déjà Frédéric l'avait saluée très révéremment[2], lorsqu'elle lui dit : « Bonjour Frédéric ! Je suis venue, poursuivit-elle, réparer les dommages dont naguère tu as pâti[3] pour moi, en m'aimant plus que tu n'aurais dû. Et voici ce que je t'offre en compensation : je compte déjeuner, ainsi que ma compagne, tout simplement avec toi ce matin. »

Alors Frédéric humblement répondit :

« Ma dame, il ne me souvient pas d'avoir souffert aucun dommage de votre fait. J'ai reçu tant de bien au contraire, que, si jamais j'ai valu quelque chose, c'est à votre valeur qu'en revint le mérite, et à l'amour que je vous ai porté. Et certes la libéralité[4] de votre venue m'est encore bien plus chère qu'elle ne le serait s'il m'était de nouveau donné de dépenser autant que par le passé, même si vous êtes venue chez un hôte fort pauvre. » Cela dit, tout confus, il la reçut dans sa maison puis il la conduisit en son jardin, et là, faute d'une autre personne qui pût lui tenir compagnie, il dit : « Ma dame, puisqu'il n'y a personne d'autre qu'elle ici, cette brave dame, femme de ce laboureur, vous tiendra compagnie, le temps que j'aille faire mettre la table. »

Frédéric, bien que sa pauvreté fût extrême, ne s'était pas encore avisé aussi pleinement qu'il eût convenu[5] de quelle façon immodérée il avait dissipé ses richesses ; mais ce matin-là, comme il ne se trouvait rien au logis qui

1. Gentillesse.
2. Avec de grandes marques de respect.
3. Souffert.
4. Générosité.
5. N'avait pas encore pris tout à fait conscience.

fût propre à honorer la dame, pour l'amour de laquelle autrefois il avait honoré une infinité de gens, il en prit conscience; angoissé à l'excès, maudissant intérieurement son sort, tel un homme hors de lui, courant çà et là, sans trouver ni argent ni rien à mettre en gage[6], pressé par l'heure tardive et par son grand désir d'honorer à tout prix la gente dame, ne voulant emprunter à personne, pas même à son jardinier, il vint à jeter les yeux sur son vaillant faucon, qu'il vit dans sa loge[7], juché sur sa perche; aussi, n'ayant nul autre recours, il le prit et, le trouvant gras, pensa que c'était un mets digne d'une telle dame. C'est pourquoi sans plus réfléchir, il lui tordit le cou et le confia à sa petite servante, qui, après l'avoir incontinent[8] plumé, troussé[9] et embroché, le fit rôtir en toute hâte; il mit enfin sur la table de très blanches nappes, dont quelques-unes lui étaient restées, puis, l'air heureux, il rejoignit la dame au jardin et dit que le dîner, tel du moins qu'il avait pu le faire, était apprêté[10]. Alors la dame et sa suivante se levèrent et vinrent se mettre à table, où, sans savoir ce qu'elles mangeaient, en compagnie de Frédéric qui les servait avec la plus grande prévenance, elles mangèrent le vaillant faucon.

Après s'être levées de table et s'être entretenues quelque temps avec lui en aimables conversations, la dame jugea qu'il était temps de dire ce pour quoi elle était venue et, se tournant vers Frédéric, elle commença bénignement[11] à lui parler ainsi : « Frédéric, s'il te souvient de ta vie écoulée et de mon honnêteté, que tu as prise peut-être pour de la dureté et de la cruauté, je ne doute pas que tu ne doives t'émerveiller de ma hardiesse[12], quand tu sauras la raison principale de ma venue ici; mais,

6. Donner en garantie contre une somme d'argent.
7. Cage.
8. Aussitôt.
9. Ficelé.
10. Servi.
11. Avec douceur.
12. Mon audace.

si tu avais des enfants ou si tu en avais eu, et que tu puisses savoir ainsi quelle est la force de l'amour qu'on leur porte, il me semble que je serais certaine de paraître à tes yeux en partie excusée. Mais, même si tu n'as pas d'enfants, moi qui en ai un, je ne peux, vois-tu, échapper aux lois communes à toutes les mères; et puisque leur force me contraint de les suivre, je suis contrainte, en agissant contre mon gré, contre toute bienséance et en dépit de ce que je me dois, de te demander en présent, ce qui, je le sais, t'est suprêmement cher: et c'est à raison, puisque ton infortune[1] extrême ne t'a laissé nulle autre joie, nul autre délassement[2], aucune autre consolation; et ce présent c'est ton faucon; car mon enfant est tellement épris[3], que, si je ne lui apporte pas, je crains de voir s'aggraver le mal qui le tient si fort qu'il ne s'ensuive quelque chose qui me le fasse perdre. C'est pourquoi je te prie, non par l'amour que tu me portes, auquel tu n'es en rien tenu, mais bien par la noblesse qui s'est montrée, lorsque tu faisais courtoisie, plus grande que chez tout autre, qu'il te plaise de me l'offrir, afin que grâce à ce don je puisse dire que j'ai gardé en vie mon enfant, et qu'il t'en soit ainsi à jamais obligé[4]. »

Frédéric, entendant ce que la dame demandait et voyant qu'il ne pouvait plus la servir en cela, puisqu'il le lui avait donné à manger, se mit en sa présence à pleurer, avant que de pouvoir lui répondre un seul mot; et ces pleurs, la dame crut d'abord que la douleur d'avoir à se séparer de son vaillant faucon en était la cause, avant toute autre chose; aussi fut-elle sur le point de dire qu'elle y renonçait; elle se retint toutefois, et attendit qu'après les pleurs vînt la réponse de Frédéric, lequel dit ainsi: « Ma

1. Malheur.
2. Distraction.
3. L'aime tellement.
4. Qu'il aura à jamais une dette envers toi.

dame, depuis l'heure où il plût à Dieu qu'en vous je misse mon amour, bien souvent ce me semble la Fortune me fut contraire et j'eus lieu de me plaindre d'elle ; mais toutes ses rigueurs[5] n'ont été que légères, mesurées au coup qu'elle me porte aujourd'hui et qui me désespère d'être en paix jamais plus avec elle ; si je songe qu'à cette heure vous attendez de moi un modeste présent, et que la Fortune en a disposé d'une telle sorte que je ne puisse vous le donner ; mais laissez-moi vous dire brièvement pourquoi cela ne se peut pas. À peine ai-je entendu que vous me faisiez la grâce de bien vouloir déjeuner avec moi, j'estimai, eu égard à[6] votre excellence et à votre valeur, qu'il était digne et séant[7] de vous honorer, autant qu'il m'était possible, d'un mets plus précieux que les plats dont on traite communément ses hôtes ordinaires : c'est pourquoi, me souvenant du faucon que vous me demandez et de sa vaillance, j'estimai que ce serait une nourriture digne de vous, et c'est lui que ce matin vous avez trouvé tout rôti sur le tailloir[8] ; je croyais alors en avoir fait le meilleur usage, mais, maintenant que je vois que vous le désiriez d'une autre guise[9], ce m'est un si grand deuil de ne plus pouvoir vous servir que ma peine je le crains ne me laissera nulle trêve. »

Cela dit, il fit jeter aux pieds de la dame, et comme autant de preuves, les plumes, les serres et le bec de l'oiseau. À cette vue, à ces paroles, d'abord la dame le blâma d'avoir, pour donner à manger à une femme, tué un tel faucon, puis, devant sa grandeur d'âme, que la misère n'avait pu et ne pouvait entamer, au fond d'elle-même elle l'admira ; enfin, une fois perdu tout espoir d'obtenir le faucon, s'inquiétant du même coup pour la santé de son enfant, elle remercia Frédéric de l'honneur qu'il lui

5. Dures épreuves.
6. En considération de.
7. Convenable.
8. Dans le plat.
9. Façon.

avait fait et de son bon vouloir, prit congé toute mélancolique[1], et s'en retourna auprès de l'enfant. Celui-ci, soit par mélancolie de n'avoir pas le faucon, soit parce que la maladie devait de toute façon le mener là, très peu de jours plus tard, à la grande douleur de sa mère, quitta cette vie.

Quant à elle, après l'avoir laissée quelque temps à ses larmes et à son amertume, ses frères considérant qu'elle était très riche et jeune encore, l'incitèrent plusieurs fois à se remarier ; d'elle-même, elle n'en eût rien fait, mais à force de se voir harcelée, s'étant ressouvenue de la valeur de Frédéric et de son dernier trait de magnificence[2], à savoir le sacrifice qu'il avait fait en son honneur d'un faucon si rare, elle dit à ses frères : « Pour moi, si tel était votre plaisir, je demeurerais volontiers comme je suis ; mais s'il vous plaît pourtant que je prenne mari, jamais assurément je n'en prendrai un autre, si ce n'est Frédéric des Albérics. »

Ses frères, se moquant d'elle, se récrièrent : « Sotte, va ! que dis-tu là ? Comment peux-tu vouloir, toi, d'un homme qui n'a rien au monde ? »

« Mes frères, leur répliqua-t-elle, ce que vous dites est vrai et je le sais parfaitement, mais je préfère homme qui ne soit riche à riche qui ne soit homme. »

Les frères, devant tant de résolution, sachant d'autre part que Frédéric, tout pauvre qu'il était, méritait leur estime, lui accordèrent, comme elle le voulait, la dame et toutes ses richesses ; et lui, lorsqu'il se vit marié à une dame d'une telle qualité, et qu'il avait tellement aimée, se retrouvant de surcroît[3] richissime, dans la joie avec elle, devenu meilleur ménager[4], il passa le reste de ses jours.

Ci-contre : Benozzo Gozzoli, *Cortège des rois mages : Laurent le magnifique*, XVe siècle.

1. Triste.
2. Générosité.
3. De plus.
4. Plus économe.

À lire / à voir

À lire

La littérature du Moyen Âge

Chrétien de Troyes, *Yvain ou le Chevalier au lion*

À la cour du roi Arthur, le jeune Yvain veut montrer à tous sa vaillance. Dans la forêt de Brocéliande, il blesse à mort un cruel chevalier. Yvain tombe amoureux de Laudine, la veuve du chevalier, mais elle le méprise. Yvain, le fougueux, réussira-t-il à conquérir le cœur de la belle ?

Béroul, *Tristan et Iseult*

Tristan, neveu du roi Marc, doit amener la belle Iseult à son oncle, qui souhaite la prendre pour épouse. Mais sur le navire qui vogue vers la Cornouailles, Tristan et Iseult boivent par erreur un philtre d'amour...

Le Roman de Renart

La cour du roi Noble n'est pas au bout de ses peines ! Renart le Goupil ne cesse de jouer ses mauvais tours... Qui arrêtera Renart ? Ysengrin le Loup ? Brun l'Ours ?

Le Moyen Âge dans la littérature de jeunesse

Jean-Côme Noguès, *Le Vœu du paon*, 1980, Gallimard Jeunesse

Au XIIIe siècle, en pays d'oc, Grillot, jeune orphelin, suit Jordi le jongleur qui va de château en château divertir dames et seigneurs. Au cours de ses voyages, Grillot réussira peut-être à découvrir ses origines...

Évelyne Brisou-Pellen, *La Bague aux trois hermines*, 1991, Milan Poche

Damoiselle Isabelle doit se marier, mais elle n'a pas le droit de voir ses prétendants. Alix, sa jeune servante, joue les espions. Mais l'un des prétendants se fait tuer. Alix réussira-t-elle à découvrir la clé de ce mystère ?

- **Jacqueline Mirande, *Double Meurtre à l'abbaye,*** 1998, Flammarion Castor Poche
À l'abbaye de Hautefage, frère Jérôme découvre un homme étendu sur le parvis de l'église. Qui a commis ce meurtre mystérieux ?
- **Béatrice Nicodème, *Le Secret de la cathédrale,*** 2006, Livre de Poche
Colin, douze ans, arrive à Amiens pour découvrir ce qui est arrivé à son père, maître tailleur de pierre, victime d'un incendie inexpliqué. Il se fait embaucher sur le chantier de la cathédrale...

À voir

- ***Sacré Graal,* Terry Jones et Terry Gilliam,** 1975
Les chevaliers de la Table Ronde comme vous ne les avez jamais vus ! La quête du Graal est revisitée par des humoristes anglais, les Monty Pythons.
- ***Excalibur,* John Boorman,** 1981
Le chevalier qui réussira à brandir l'épée magique d'Uter Pendragon deviendra roi d'Angleterre. Ainsi se noue le destin du jeune Arthur.
- ***Le Nom de la rose,* Jean-Jacques Annaud,** 1986
En l'an 1327, dans une abbaye bénédictine, des moines disparaissent. Un franciscain, Guillaume de Baskerville, mène l'enquête.
- ***Kes,* Ken Loach,** 1969
En Angleterre, dans les années soixante, un adolescent vit avec sa mère et son grand frère, un garçon violent. Un jour, il découvre un faucon blessé et décide de s'en occuper...

TABLE DES ILLUSTRATIONS

Conception graphique : Julie Lannes
Design de Couverture : Denis Hoch
Recherche iconographique : Gaëlle Mary
Illustrations : Buster Bone (p. 10-11)
Correction : Sylvie Porté
Mise en page : ScienTech Livre
Édition : Laurène Grellet
Coordination éditoriale : Marion Noesser
Direction éditoriale : Marie-Hélène Tournadre

COLLÈGE

65. **Bédier**, *Le Roman de Tristan et Iseut*
51. **Courteline**, *Le gendarme est sans pitié*
38. **Dumas**, *Les Frères corses*
71. **Feydeau**, *Un fil à la patte*
67. **Gautier**, *La Morte amoureuse*
1. **Homère**, *L'Odyssée*
29. **Hugo**, *Le Dernier Jour d'un condamné*
2. **La Fontaine**, *Le Loup dans les Fables*
3. **Leprince de Beaumont**, *La Belle et la Bête*
10. **Maupassant**, *Boule de suif*
26. **Maupassant**, *La folie dans les nouvelles fantastiques*
43. **Maupassant**, 4 nouvelles normandes (*anthologie*)
62. **Mérimée**, *Carmen*
11. **Mérimée**, *La Vénus d'Ille*
68. **Molière**, *George Dandin*
7. **Molière**, *L'Avare*
23. **Molière**, *Le Bourgeois gentilhomme*
58. **Molière**, *Le Malade imaginaire*
70. **Molière**, *Le Médecin malgré lui*
52. **Molière**, *Le Sicilien*
36. **Molière**, *Les Fourberies de Scapin*
28. **Musset**, *Il ne faut jurer de rien*
6. **Nicodème**, *Wiggins et le perroquet muet*
21. **Noguès**, *Le Faucon déniché*
59. **Perrault**, 3 contes (anthologie)
8. **Pouchkine**, *La Dame de pique*
12. **Radiguet**, *Le Diable au corps*
39. **Rostand**, *Cyrano de Bergerac*
24. **Simenon**, *L'Affaire Saint-Fiacre*
9. **Stevenson**, *Le Cas étrange du Dr Jekyll et de M. Hyde*
54. **Tolstoï**, *Enfance*
61. **Verne**, *Un hivernage dans les glaces*
25. **Voltaire**, *Le Monde comme il va*
53. **Zola**, *Nantas*
42. **Zweig**, *Le Joueur d'échecs*
4. *La Farce du cuvier* (anonyme)
37. *Le Roman de Renart* (anonyme)
5. Quatre fabliaux du Moyen Âge (*anthologie*)
41. Les textes fondateurs (*anthologie*)
22. 3 contes sur la curiosité (*anthologie*)
40. 3 meurtres en chambre close (*anthologie*)
44. 4 contes de sorcières (*anthologie*)
27. 4 nouvelles réalistes sur l'argent (*anthologie*)
64. *Ali Baba et les 40 voleurs*

LYCÉE

33. **Balzac**, *Gobseck*
60. **Balzac**, *L'Auberge rouge*
47. **Balzac**, *La Duchesse de Langeais*
18. **Balzac**, *Le Chef-d'œuvre inconnu*
72. **Balzac**, *Pierre Grassou*
34. **Barbey d'Aurevilly**, *Le Bonheur dans le crime*
32. **Beaumarchais**, *Le Mariage de Figaro*
20. **Corneille**, *Le Cid*
56. **Flaubert**, *Un cœur simple*
49. **Hugo**, *Ruy Blas*
57. **Marivaux**, *Les Acteurs de bonne foi*
48. **Marivaux**, *L'Île des esclaves*
19. **Maupassant**, *La Maison Tellier*
69. **Maupassant**, *Une partie de campagne*
55. **Molière**, *Amphitryon*
15. **Molière**, *Dom Juan*
35. **Molière**, *Le Tartuffe*
63. **Musset**, *Les Caprices de Marianne*
14. **Musset**, *On ne badine pas avec l'amour*
46. **Racine**, *Andromaque*
66. **Racine**, *Britannicus*
30. **Racine**, *Phèdre*
13. **Rimbaud**, *Illuminations*
50. **Verlaine**, *Fêtes galantes*, *Romances sans paroles*
45. **Voltaire**, *Candide*
17. **Voltaire**, *Micromégas*
31. *L'Encyclopédie* (anthologie)
16. Traits et portraits du XVIIe siècle (*anthologie*)

Ce livre est imprimé sur du papier
issu de forêts gérées durablement.

N° édition : 10295925 - Dépôt légal : novembre 2018
Imprimé en France, en octobre 2023, par la Nouvelle Imprimerie Laballery - N° 309245

La Nouvelle Imprimerie Laballery est titulaire de la marque Imprim'Vert®